천상의 정부가 배치한 144,000명을 위한 안내서

빛의 일꾼들을 위한 마인드 리셋

천상의 정부가 배치한 144,000명을 위한 안내서

빛의 일꾼들을 위한
마인드 리셋

제1판 1쇄 2024년 7월 25일

지은이 슈카이브
펴낸이 권동희
펴낸곳 아이엠

출판등록 제2022-000043호
주소 경기도 화성시 동탄오산로 82
전화 070-4024-7286
이메일 no1_winningbooks@naver.com

ⓒ아이엠(저자와 맺은 특약에 따라 검인을 생략합니다)
ISBN 979-11-6415-078-6 (03110)

천상의 정부가 배치한 144,000명을 위한 안내서

빛의 일꾼들을 위한
마인드 리셋

슈카이브 지음

MIND RESET

144,000명 빛의 일꾼들을 위한
마인드 리셋

나는 인류 멸망에 대한 시나리오를 알고 있다.

나는 창조주(하느님)의 아들로서 금성에서 지구인으로 육화했다.

나에게는 지구 극이동 직전에 이루어지는 1차 상승 때 고차원 영들의 건져냄, 인류의 영적 성장, 아버지의 새 나라 타우라의 성전 건립, 새 나라에서 사용될 교재, 계시록 집필 등의 사명이 주어져 있다.

아버지께서는 내게 한 사람의 영도 억울하지 않도록 구하라는 사명을 주셨다.

내가 전하는 복음이 이 세상 끝에서 저 세상 끝까지 전파되고 나면 지구 극이동이 벌어지기 시작할 것이다. 예정된 시나리오대로 진행되는 것이다.

아버지께서는 이 시대에 나를 도와줄 빛의 일꾼 14만 4,000명을 육화시켰다. 이들은 성서 〈요한계시록〉에 기록된 대로 아버지 하느님으로부터 인침을 받은 자들이다. 이들은 나를 도와 그들에게 주어진 역할과 사명을 다하게 될 것이다.

지금 종교계에서는 1차 상승, 즉 휴거의 대상을 14만 4,000명으로 알고 있다. 여러 유튜브 채널에서도 그렇게 말하고 있다. 하지만 이는 사실이 아니다. 그들은 성서에 기록된 그대로 말하고 있을 뿐이다.

내가 아버지께 직접 들은 이야기는 그 대신 이렇다. 현재 상황이 너무나 좋지 않다. 심각하다. 깨어나 사명을 행하는 빛의 일꾼들이 채 10분의 1이 못 된다. 이대로 간다면 1차 상승 때 8,000명도 안 되는 인원만 상승할 것이라 하셨다. 지구 멸망 전 최종적으로 구원받는 인류의 숫자는 전 인류의 3.5%, 3억 명으로 정해져 있다. 그 외 인류는 지구 극이동 이후 온갖 핍박과 고통을 받다가 심판의 날에 모두 불못에 던져져 소멸할 것이다.

이 책은 내가 운영하는 여러 유튜브 채널들 영상에 게재되었던 영적 성장, 의식 지수 올리는 방법, 지구 멸망, 새 지구 타우라 등에 관한 댓글들을 모아 정리한 것이다. 그 댓글들에는 나와 아버지 창조주를 공연히 조롱하고, 모욕하고, 모독하는 이들도 많았다. 나는 재림예수의 입장에서 그들의 댓글에 꼬박꼬박 반박 글을 달았다. 그들이 남긴 댓글과 내가 반박한 리댓글을 책으로 엮어낸다면 빛의 일꾼들에게 많은 도움이 되리라 믿으며 책으로 내게 되었다.

거듭 강조하지만, 사명을 다하지 않는 자는 빛의 일꾼이더라도 소멸하고 만다. 고차원에서 내려온 영들 역시 사명을 다하지 않으면 그리 된다.

참고로 내가 쓴 리댓글엔 자주 "독사의 자식아!", "독사의 후손아!" 같은 욕설이 담겨 있어 거부감이 들 수도 있겠다. 그러나 이 말들은 2천 년 전 내가 예수라는 이름으로 세상에 왔을 때 겉과 속이 다른 바리새인들을 향해 퍼부었던 욕이기도 하다. 전생에 내가 했던 말이기에 익숙하게 사용한 것일 뿐이다. 그러니 오해 없기를 바란다. 여러분은 빛의 자녀들이기 때문이다.

지구 극이동까지는 몇 년 남지 않았다. 최종 지구 멸망까지도 10년이 채 안 남았다. 일일이 빛의 일꾼들을 만나 가르침을 줄 시간이 없어서 전하고 싶은 말을 책에 담아 세상에 내놓는 것이다. 빛의 일꾼들은 반드시 이 책을 반복해 읽고 단단한 믿음을 가진 빛의 일꾼으로 전환하기를 바란다.

나는 아버지께서 주신 사명을 마음을 다하고, 뜻을 다하고, 목숨을 다해 완수할 것이다.

나와 함께하는 14만 4,000명 빛의 일꾼들 역시 그렇게 하기를 바란다.

모두 사명을 완수하고 상승하는 그날에 아버지의 새 나라로 함께 상승 여행 할 수 있기를.

나라와 권세와 영광이 아버지께 영원히 있습니다!

슈카이브

금성에서 육화한 슈카이브가 전하는
인류 멸망의 시대에 살아남는 법

창조주님, 당신은 사랑으로 가득하신 분이십니다. 당신의 사랑은 바다와 우주의 심연보다도 깊습니다. 창조주님께서는 저에게 건강과 행복, 풍요를 허락하셨으며 저는 창조주님과 제가 하나라는 것을 알고 있습니다. 또한, 창조주님은 저보다 더 위대하신 분이라는 것을 알고 있습니다.

저는 제 자신이 신성한 빛이라는 것을 알고 있습니다. 마음을 다하고, 온 힘을 다하고, 영혼을 다하여 완전한 이상만을 영혼 속에 품겠습니다.

창조주님께서 주신 신성과 전지, 전능, 권능으로 개인적인 사명과 인류를 위한 사명을 완수하겠습니다. 제 뜻대로가 아닌 아버지의 뜻대로 이루어질 줄 믿습니다.

슈카이브

천상의 정부가 배치한
144,000명을 위한 안내서
빛의 일꾼들을 위한 마인드 리셋

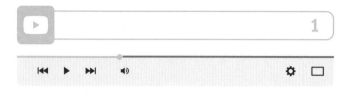

외계의 신이 돈 받으라고 했나요?

▶ 내게 묻기 전에 먼저 교회에 가서 물어보거라! 그리고 내
게 교회가 뭐라고 했는지 알려주면 답하마!

작가다운 대단한 상상력입니다. 지구 극이동이 실제로 벌어진다면 역대급 장관이겠네요.

▶ 곧 그 일이 벌어지면 상상이 아닌 실제라는 것을 알게 될 것이다!

얼굴도 잘생기시고 마음도 참 선하실 것 같아요. 이제 예수님 믿고 구원받으세요.

'주 예수를 믿으라, 그리하면 너와 너의 집이 구원을 받으리니.'

그대여, 예수보다 더 중요한 사람은 그대 자신이다! 예수가 이 땅에 왔었던 것은 인간들에게 자기 자신이 얼마나 귀한 존재인지 깨달음을 주기 위함이었다. 그리고 의식을 깨우기 위해, 신성을 회복시켜주기 위해 온 것이었다. 예수도 그대와 마찬가지로 우주를 만드신 창조주의 아들이다. 예수가 답이 아니라 신성이 길이요, 진리요, 생명이다! 깨어 있고, 신성을 회복하라!

저런 현상은 오래전부터 많이 봐 왔습니다. 하늘을 쳐다볼 여유만 있으면 누구나 연출하는 모습이지요.

그대는 부주의적 맹시에 빠진 채 헤어날 생각이 없구나! 지금도 오래전의 그 모습 그대로 사는 이유다!

2천 년 전의 예수가 전생의 너라고 이야기했는데, 잘
못한 거라면 네가 2천 년 동안 직무를 유기해왔다는
것이다. 지금껏 사람들이 잘못된 길을 가는 동안 뭐
했노? 지금은 하고 싶은 일 못 하면 분통이 터져 병이
생기는 해원 시대니, 병 안 나려면 하고 싶은 것 열심
히 하고 살거라. 천의를 해하는 자, 신명을 박대하는
자, 혹세무민하고 사람을 속여 재물을 갈취하는 자,
서교를 믿는 자, 죽음을 면치 못하리라. 쯧쯧쯧.

▶ 그대, 그대의 뜻대로 살다가 가라! 내가 하는 말은 천사
들이, 모든 물질과 비물질이 다 듣고 있다! 진리이기 때
문이다. 깨어나지 않으면, 그대는 곧 도적처럼 닥칠 그날
무로 흩어질 것이다.

세상에는 많은 사기꾼이 있습니다. 속지 마시고 가까이하지 마시기 바랍니다. 외계인, 도사, 천사, 이런 말로 사람들을 속이고 결국 뭘 바라겠습니까? 돈이죠, 뭐.

어리석은 자여, 그대는 아버지 창조주가 주신 전지, 전능, 권능 그리고 시간을 기망당하고 어둠의 세력들에게 넘겨진 자이니라! 그대야말로 이미 그들에게 속아 영혼을 강탈당했도다! 영혼을 잃고서 넘쳐나는 보물과 천하를 움켜쥔들 무슨 소용이 있으랴! 그대의 이름은 천계에서 찾을 수 없노라!

성령께서 나를 대신해 말씀하신다. "그대의 영은 곧 올 그날 흩어져 선택된 자들의 거름이 될 것이다!"라고.

웬 헛소리를!? 그 크신 하느님의 능력과 힘을 가진 자는 누구이고, 누구한테 계시를 받았나요? 여보세요, 아버지가 목사면 어머니는 사모지 무슨 집사야? 서열도 모르는 무지함의 소치 아닌가.

어리석은 자여, 그대의 그 잘난 뱀의 혀 때문에, 머리 때문에 그대가 그날 갈 자리는 이미 정해졌느니라! 더불어 그대와 같은 DNA를 가진 자들을 미혹해 함께 데리고 가게 될 것이다!

기독교인이든 불교도든 관심 없습니다. 두 권의 책만 보고 이리 열심히 믿음을 설파하는 걸 보면 참 어이없습니다. 흐흐흐.

아둔한 자여, 내가 과연 두 권의 책만 보고 이리 말하는 것일까? 과연 내가 책만 보고 이러는 것일까?

내가 말하노니, 정말 어이가 없는 것은 그대의 미래다! 들을 귀가 없으니 내가 하는 말이 무슨 말인지 이해가 가질 않을 것이다!

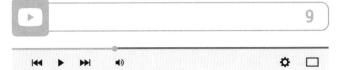

김도사님의 답글 감사합니다. 이곳은 영적 성장과 깨달음을 이루기 위해, 더 발전하기 위해 공부하는 사람들이 공유하는 곳입니다. 도사님의 정보보다 제 글에 달린 아주 저급한 댓글 중 잘나가다 삼천포로 빠졌다는 둥 하나는 알고 둘은 모른다는 둥 자만할뿐더러 겸손하지 못한 언행을 보이는 사람들이 있습니다. 영적 깨달음에 이르기 위해 배우는 중인 이들이 안내자 역할을 맡는다는 건 사리에 맞지 않는 듯합니다.

배우는 단계에 있는 사람들과 마스터들은 응원과 용기, 사랑, 용서, 겸손 같은 긍정적인 희망의 메시지를 전해야 한다고 생각합니다. 이들 누구에게나 절대적인 겸손이 필요할뿐더러 마스터는 더 겸손해야 합니다. 더불어 영적인 차원 상승을 이루어줄 수 있는 정보를 잘 선택해 배우는 사람들과 공유해야 할 듯합니다. 분별력을 충분히 발휘해서요!

예수님께서는 인자하시고 겸손하시며 사랑으로 훈계하시고 깨달음을 주시는 분이시지요. 반면 마스터가 되면 본인도 깨닫지 못하는 사이 마음에 교만함이 비집고 들어와 사람들과 세상을 가르치려 들지요. 이렇게 교만하고 겸손하지 못한 마스터들의 영혼도 그날 소멸할 겁니다. 그러니 진정하시기 바랍니다.

▶ 어리석은 자여, 내가 말하노니 지금까지 아버지 창조주와 여러 신께선 인간들에게 수많은 기회를 주었다! 그게 무엇인지는 너희들이 더 잘 알겠지? 그런데 너희들이 과연 그걸 기회로 받아들이고 감사한 마음으로 살았더냐? 말과 글로써 사람들을 해하고 향락과 물질만 좇는 인생을 살지 않았더냐! 그런데 이제 지구의 멸망을 앞에 두니 응원과 용기, 사랑, 용서, 겸손 같은 희망의 메시지가 필요하더냐? 그대의 말은 마치 벌꿀처럼 달콤하게 시작되었으나 그 안에는 뱀의 독이 담겨 있구나!

아둔한 자여, 내가 왜 눈이 있되 볼 줄 모르고, 귀가 있되 들을 줄 모르는 자들에게 친절을 베풀어야 하느냐? 그대들은 2천 년 전에도 그랬지만 지금도 바리새인들의 그 못된 행동을 되풀이하고 있구나! 독사의 후손 같은 자여, 그대가 나에게 말한 응원과 용기, 사랑, 용서, 겸손 같은 미덕을 그대 본인이 행한 적이 있더냐? 가족에게, 주변 사람들에게 행한 적이 있더냐?

독사의 자식아, 그대가 말하는 영적 깨달음이 무엇을 이르는지 아느냐? 내가 알려주랴? 영적 깨달음은 간단한 것이다! 그것은 공부한다고 얻어지는 것이 아니다! 진실로 알고자 하고, 듣고자 하고, 깨달으려고 하는 간절함이 동해야 하는 것이다! 공부 핑계를 대며 엇비슷한 의식 수준의 사람들이 모여 시간과 돈을 낭비하며 얻을 수 있는 그런 게 아니란 말이다! 내가 누구이며, 어디에서 왔으며, 어디로 가는지를 깨닫는 게 영적 깨달음의 요체다! 이것들을 깨달아야 의식이 깨어날뿐더러 신성이 회복되기 때문이다!

아둔한 자여, 평생을 남들에게 좋은 사람으로 보이려 애쓰며 살아왔구나! 그러나 어쩌랴! 그대를 만드신 창조주와 여러 신과 가이아 여신은 그날이 되면 그대를 버릴 것이니! 내 아버지 창조주의 명을 받드는 천사들 중 상승과 소멸을 담당하는 천사들이 그날 그대의 들려짐을 막을 것이다! 내 말을 흐트러짐 없이 기억 속에 간직하라! 내가 하는 말이 아니라, 성령께서 임하셔서 하신 말씀이니라!

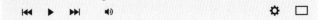

현대 기독교인들은 왜곡된 《성경》 논리에 세뇌당해 무엇이 진정한 진리인지 모른다는 게 문제인 듯합니다. 지금은 아니지만 저도 어릴 적 교회를 다녔었습니다. 하지만 이제 신은 믿어도 종교는 믿지 않습니다.

결단코 종교가 인간 위에 군림할 순 없다! 종교는 아버지 창조주의 작품이 아니다! 종교는 고차원 영역의 타락한 존재가 사람들을 지배하기 위해 만든, 가스라이팅 행사용 믿음 체계다! 이제 그런 종교 시대는 가고 있다. 신성을 회복하는 자만이 그날 영생을 얻을 수 있다.

빛의 일꾼들을 위한 마인드 리셋

구원받지 못한 영혼은 지옥에 떨어지고, 지구가 불타버려도 불호수의 고통을 피할 순 없습니다. 〈요한계시록〉 20장을 읽어보세요. 킹제임스 흠정역 《성경》을 읽어보세요.

아둔한 자여, 신성이 길이요, 진리요, 생명이니라! 지옥은 없다!

2천 년 전 예수로 육화했었다 하고, 대천사들하고 직접 소통하신다고 하고, 모든 걸 다 아신다는 분이 직접 보여주실 게 없으세요? 도사는 도교에서 부르는 애칭 아니에요? 책은 얼마예요? 공짜로 주실 순 없어요? 하느님은 전 우주를 관장하며 지키시는 분인데 당신은 왜 나 같은, 개미 눈보다도 작은 사람 댓글 하나하나를 신경 쓰고 저주 글을 다시는지요? 또, 이 말에 댓글 다시겠네요? 그냥 웃습니다.

그대는 내가 댓글을 다는 이유를 모르는가? 부주의적 맹시에 빠진, 같은 DNA를 가진 자들을 가리기 위함이니라. 눈 뭉치처럼 한데 뭉쳐 있는 그들은 그날 건져질 자, 버려질 자로 확연히 구분 지어질 것이다! 그대는 이미 알

빛의 일꾼들을 위한 마인드 리셋

고 있다! 그날 그대가 어디에 속할지…. 많이 웃거라! 곧
나를 보게 되리라. 물질과 비물질을 통해서!

작가에다 먹고살 만하다면서요?

 그렇다! 내 아버지 창조주는 부유한 분이시다! 같은 아
버지 아래 한 자식인데 그대는 어찌 이리도 간악한가?
그리 조롱하고 빈정대면 기분이 좋은가? 그대를 구렁텅
이로 내몰 카르마나 계속 추가 적립하거라! 그것은 부모
에게는 영향을 끼치지 않으나 아래 자손들에게는 그대
로 내리 전달될 것이다.

빛의 일꾼들을 위한 마인드 리셋

개그를 연기가 아닌 진심으로 실천하시네요! 이다음에 KBS 개그맨 시험 쳐보세요. 비아냥거리는 게 아니라 진심 재능이 있으신 듯해서요.

어리석은 자여, 그대는 알고 있도다! 그대의 삶이 얼마나 재미없고 불쾌한지…. 그런 삶을 개선할 의지가 그대에겐 전혀 없구나! 그날 그대의 소망 그대로 될 것이다.

외계인이 고문당하는 인류를 안락사(지구의 종말)해주면 좋겠습니다. 그러나 정신적 고문을 통해 인류 스스로 깨우치고 발전해야 하는 까닭에 지구 종말이란 요청을 안 들어줄 것 같습니다. 오히려 우주에서 운석이 날아오면 막아주는 등 지구 행성을 보호해줄 것 같습니다.

그대여, 쓸데없는 생각 하지 말고 깨어 있기 위해 노력하라! 신성을 회복하지 못한 자, 그날 영혼의 블랙홀로 빨려 들어가 무로 흩어질 것이다!

차라리 《천부경》 공부를 하시던가요.

그대여, 그대의 아둔함으로 인해 그대의 이름은 천계에서 삭제되었노라! 깨어나지 못한 자, 깨어날 생각이 없는 자는 삭제됨!

《성경》 이야기가 잘못되었다고 자신 있게 말씀하시기
이전에, 《탈무드 임마누엘》이라는 책의 내용이 진실
하다는 증거 제시가 우선인 것 같네요. 예수님이 대천
사 가브리엘의 아들이다? 많이 웃고 갑니다.

볼 줄 아는 눈이 없고 들을 귀가 없는 자여, 많이 웃거라!
지금의 그 웃음은 머지않아 올 그날 스스로를 조롱하고
모욕하는 웃음이 되리라! 진리를 이야기하는 나에게 모
욕을 안겨주니…, 그대는 지구 멸망 전에 곧 그 대가를
치르리라!

빛의 일꾼들을 위한 마인드 리셋

우리가 사는 이 세상을 천국으로 만들려고 노력하는
게 현실적으로 옳지 않을까요?

그대의 마음부터 천국이 아닌데 노력한다고 어떻게 천
국이 만들어지겠느냐? 가장 현실적인 것은 새 부대와 맞
지 않는 묵은 포도주를 과감히 버리는 것이다!

솔직히 진리라는 확신도 없이 책 한 권에 의지해 2천
년 동안 이어져 내려온 신앙의 전통을 일거에 부인하
는 건 오만인지, 착각인지~~. 좀 더 과학적, 학문적 연
구와 고증과 검증을 거친 후 발표했으면 하네요….

책 한 권에서 얻은 지식 나부랭이로 어그로를 끌 수
있다고 착각하는 것밖엔 안 되는 것 같네요…. 자중하
시고 선동하지 않으셨으면~~. 뉴에이지, 오컬트, 외계
인 등 어떤 걸 선택하든 그 결과에 대해선 영원히 책임
을 져야 할 겁니다~~~.

솔직히 신약 외경만 해도 재미있는 이야기가 수두룩
이 실려 있습니다. 허나, 정경 선택 과정에서 제외되었
지요…. 너무나 소설적이고 허황하다고 생각했겠지
요. 모든 건 성령의 이끄심에 따라 기록된 것인데요.

신앙의 전통이란 것이 그냥 이어져 내려오는 게 아닙니다. 예수님이 보내신 성령의 이끄심에 따라 분별과 식별을 거쳐 신중에 신중을 기해 당대의 수많은 엘리트 신학자들의 합의에 따라 교리 하나가 형성된 겁니다. 몇십 년 몇백 년에 걸쳐서~~~.

우리 주 예수그리스도의 지혜와 분별이 항상 함께하시길 빕니다~~~.

▶ 어리석은 자여, 그대의 혀가 마치 뱀을 닮았구나! 아주 가늘면서 독까지 묻어 있구나! 결국, 그대 스스로 그 독에 자신을 중독되게 할 것이다. 아니, 이미 중독되었구나! 그래도 다른 사람들만큼은 교란하지 말아라! 장차 올 그날 그대 혼자 구렁텅이로 떨어지는 게 더 낫지 않겠는가?

말세라는 걸 실감하게 되네요. 하느님께서 침묵하지
않으실 겁니다~~~. ㅜㅜ

그대가 말하는 그분은 나의 아버지 창조주이시다! 그분
께선 나를 인류의 의식 성장, 신성 회복을 위해 이곳에
보내셨다. 그런데도 말이 안 되는 소리만 하고 있구나!
내 말을 믿지 못하겠다고? 내가 약속 하나 하마! 그대는
곧 나를 보게 될 것이다! 꿈을 통해서, 빛을 통해서, 음성
을 통해서….

이런 내용을 가지고 사람들 선동하고 책 팔아먹고 그러시면 지옥 갑니다. 하느님은 지구가 멸망하도록 내버려두시지 않습니다. 착각, 그만하세요.

어리석은 자여, 나를 책이나 팔아먹는 파렴치한 인간으로 묘사했느냐? 내게 하는 말을 교회에 가서 똑같이 해 보아라! 나는 얼굴과 신분을 다 공개하고 곧 있을 지구 멸망에 맞춰 아버지 창조주께서 맡기신 사명을 수행하는 중이다. 그런데 그대는 어찌 그 진실을 다 가리고 악담을 늘어놓는가? 그대는 어둠의 세력들에게 조력하는 자로구나!

지금 성령이 임하셔서 말하건대, 그대의 이름은 천계에서 삭제되었도다! 곧 있을 지구 멸망 때 그대는 수많은 영과 함께 영혼의 블랙홀로 빨려 들어가 무로 흩어질 것이다! 내가 말하노니, 그대는 곧 꿈에서 나를 보게 될 것이다! 하늘에서 징조를 보게 될 것이다! 내 말을 믿어라! 살아 있되 천계에선 이미 버린 영혼이여, 더는 나쁜 생각과 말과 글로써 사람을 해하지 마라! 지구 멸망 전에 소멸 천사가 그대의 영을 거둬갈 디이니!

사람들을 깨우는 데 도움이 되도록 책을 무료로 주는
건 어떨까, 합니다. 돈을 받고 책을 파는 건 좀….

그대의 글에 그대가 그동안 어떻게 살아왔는지 다 담겨
있노라! 지금껏 수많은 윤회를 했건만 가난을 벗어나지
못했구나! 생각은 간악하고, 혀는 뱀의 혀를 닮았으며,
손과 발은 게으르구나! 게다가 물욕마저 많은 데다 비교
하는 마음과 질투심이 강하고, 공연히 남을 해하기를 좋
아하는구나. 그런 심성이 그대의 의식을 깨어나지 못하
게 막고 있노라!

2천 년 전 예수께서는 "진주와 거룩한 것을 개돼지에게
주지 말라"라고 하셨다! 거룩한 것을 개돼지에게 던져주
면 그것을 개돼지가 더러운 것으로 변질시켜 상하게 만

드니 경계하라는 뜻이다! 그대는 그대가 곧 있을 지구 극이동 때 들려질 것 같으냐? 버려질 것 같으냐?

⏮ ▶ ⏭ 🔊   ⚙ ☐

김도사님! 우주 멸망은 없죠?

▶ 우주는 지금, 이 순간에도 아버지께서 창조하고 있으시
다! 지구 멸망 후 지구는 태초의 모습으로 돌아갈 것이
다! 깨어 있으라! 거의 모든 영혼이 흩어져 사라질 그날
의 들려짐을 위해!

그런 말들을 어쩌면 이렇게 진지하게 하시지? 병원 좀 가보세요.

어리석은 자여, 성령 말씀에 의하면 그대의 이름이 천계에서 삭제된 지는 오래되었다! 그래서 그대는 신성 회복을 위한 노력은 하지 않고 공연히 말과 글로써 사람들을 해하는 것이다.

내가 한마디만 더 하마! 그대가 바르게 생각하고 말하고 행동하지 않으면 그대의 주변인들에게 해가 갈 것이다. 물론 지구 멸망 전에 그대의 영 또한 육신을 떠나게 될 것이다! 이 말이 참인지, 거짓인지 확인하고 싶으냐? 그러면 큰 소리로 김도사를 조롱하고 모욕해보아라! 그 징조가 나타날 것이니….

빛의 일꾼들을 위한 마인드 리셋

참고로 이 댓글은 삭제하지 않겠다! 그 이유는 부주의적 맹시에 걸려 그대의 글에 댓글을 달거나 '좋아요!'를 누르는 자들이 늘어날수록 그대의 나쁜 카르마가 추가 적립될 것이기 때문이다. 한편, 그대의 글에 댓글을 단 그들도 장차 있을 지구 극이동 때 무로 흩어질 것이다. 새 부대에 묵은 포도주를 담는 게 합당하냐?

25

죽어서 천국 가리라는 헛소리 말고, 지금 사는 이 지구를 오염시키지 말고, 천국·극락·선경 세계 건설을 위해 노력하세….

그대여, 그대는 어둠의 세력들과 한편이구나! 스스로 그날 갈 자리를 선택한 셈이로다.

사실 천국 가는 거 힘들잖아요? 도사님도 잘 알다시
피. 영상을 봤으면 느끼셨을 텐데요.

어리석은 자여, 천국 가기가 그토록 힘들다면 안 가면
되지 않겠느냐? 징징댈 것 없이 안 가면 되느니라! 그냥
지금처럼 징징거리면서 개돼지처럼 살다 보면 어느새 영
혼의 블랙홀 앞에 가 있을지니….

염려 마라! 이미 그대의 소망은 이루어졌나니…. 천계에
기록된 새 지구 명단에서 그대의 이름은 찾을 수 없도
다!

천계에선 이미 버릴 자와 건져낼 자를 정했는데…, 이미 정해져 있는데…, 지금 또는 앞으로 의식 성장, 영적 성장을 이루는 게 무슨 의미가 있을까요? 하시는 말씀이 이치에 맞지 않는 것 같네요.

어리석은 자여, 깨어나도록 힘써라! 아마도 그대의 영 또한 그날에 흩어져 사라질 것이다!

빛의 일꾼들을 위한 마인드 리셋

⏮ ▶ ⏭ 🔊 ⚙ ▢

도대체 저자는 누구인가?《외계인 인터뷰》&《금성인 이야기》짜깁기 수준인데, 본인이 금성인이라면서 왜 전 세계의 금성인(예 : 미국의 금성인)과는 소통도 없고 공동대처도 없는가? 망상자여~~!

▶ 그대여, 책을 보지도 않은 채 막말하는구나! 그대는 어둠의 세력에 눌려 부주의적 맹시에 빠져 있노라! 곧 그날이 닥치리니, 그때 그대의 영은 흩어져 사라질 것이다! 그전에라도 소멸 천사가 그대의 영을 거둘 수 있으니 부디 생각과 말, 행동거지를 조심하거라! 내 말 가벼이 받지 마라!

마지막 지구인 한 명까지도 구제해야 한다고 죽는 날까지 가슴 아파하시던 저희 스승과는 차이가 너무 나는군요. 자신의 마음 밖에서 법을 구하는 자는 외도(外道)를 따르는 것이라…. 96.5%의 인류를 쓰레기 거름 취급하는 존재를 따르려는 자는 스스로 쓰레기가 되고자 하는 게 아닌가….

▶ 어리석고도 아둔한 자여, 예를 들어보겠다.

학생은 배움을 위해 학교에 간다. 그런데 한 학생이 배우려 하기는커녕 자꾸 학교 친구들을 때리고 괴롭히고 상처를 주었다고 하자. 학교는 이 학생에게 여러 번, 수십 번, 심지어 수백 번 재입학해 배울 기회를 주었다. 그럼에도 불구하고 이 학생은 그 기회를 잡으려 하기는커녕 배움의 과정을 저주하면서 반 아이들을 더 괴롭혔다.

빛의 일꾼들을 위한 마인드 리셋

그대는 이 학생을 어떻게 했으면 싶으냐?

한편, 이 학교는 좀 더 높은 차원의 내용을 학생들에게 가르쳐보기로 했다. 순수하고 선하고 인류애가 넘치는, 무엇보다 자신이 어디에서 왔고 어디로 가는지 사는 목적과 사명을 찾은 그런 학생들만 입학할 수 있게끔! 그런데 이 학교에 온갖 행패를 부리는 등 배울 자세가 안 되어 있는 독사의 자식이 그들과 뒤섞여 있다면 어떤 일이 일어나겠느냐?

이번 지구 극이동 때 나의 아버지 창조주께서 여러 신과 지구를 관장하시는 가이아 여신과 합일해 깨어나지 않은 자, 합당치 않은 자, 쭉정이들이 모두 영혼의 블랙홀로 빨려 들어가게끔 해서 선택받은 영들의 거름이 되도록 하시려는 이유다!

혹여라도 나쁜 생각과 말과 행동을 한다면 지구 멸망 전에 소멸 천사가 그대의 영을 거둬갈 수도 있다. 이미 천계의 명단에서 삭제되었을뿐더러 사명을 위해 지구에 육화한 자를 괴롭히고 방해하는 독사의 자식 같은 영을 일찍 거둬들이는 것이다. 그런다고 아버지 창조주께서 그 소멸 천사를 징벌하시겠느냐?

나의 말을 기억하고 온 마음과 힘을 다해 깨어 있도록
하라!

전생은 없습니다. 윤회도 없어요. 사람이 죽으면 어디로 가는지는 알아야지요? 킹제임스 흠정역 《성경》을 읽어보세요.

▶ 그대의 뜻대로 그날에 그대는 영혼의 블랙홀로 빨려 들어가 윤회하지 않게 될 것이다! 내 말은 믿어도 좋다. 천계에 이미 그렇게 기록되어 있느니라!

자신의 허상에《성경》말씀을 인용하지 마시길….

 내가 다시 한번 말하겠다! 육적 차원에 머물지 말고 영
적 세계에 마음을 두어라!

깨어 있으라! 곧 그날이 닥칠 것이니!

누구나 다 자기 생각 속에 빠져 살지요.

▶ 누구나 다 자기 생각…, 이런 육적 생각이 지금의 지구를 있게 했구나! 그대여, 지금과 같은 생각을 유지하거라! 그 생각대로 쭉 살다 그날 그대가 갈 곳으로 가면 되겠구나!

오늘날은 종교지도자를 잘 만나야 하는 시대라네요. 사기꾼지도자를 만나면 영이 같이 소멸한다고 하니까! 지금은 종교가 없어도, 영 소멸 종교를 가져도, 지도자가 올바른 길로 이끌지 못해도 영 소멸이 일어난다고 해요. 수많은 그들 종교지도자 중 미륵불 정도령 진인을 찾아야만 영 소멸을 막을 수 있다고도 주장하네요. 선택 잘하세요!

어리석은 자여, 그대의 믿음대로 갈 길 가거라! 그대는 이미 선택했도다! 그날 어디로 갈 것인지 말이다. 이왕 가는 길, 그대와 비슷한 자들도 데려가면 좋겠구나!

빛의 일꾼들을 위한 마인드 리셋

우아, 지치시지도 않는가 봐요! 하루에 동영상을 꼭 몇 개씩 올리시네요.

ps. 그런데 가입비 300만 원이랑 절판된 책값 9만 원은 좀 과하네요. 곧 지구 극이동이 시작되고 차원 상승이 이어날 텐데…, 돈이 무슨 의미가 있으려나요? ㅜㅜ

어리석은 자여, 누군가가 공들여 얻은 지혜와 깨달음을 돈으로 환산할 수 있겠느냐?

비싸면 안 사면 그만이지 공연히 글로써 상처를 주고 흠집을 내는 건 어떤 의도냐? 그대의 마인드가 그렇게 가난하니 의식주 해결에 급급하며 사는 것이다.

앞으로는 할지 안 할지, 살지 안 살지만 생각하거라! 미런하게 이것 외의 생각을 더하면 그대의 에고는 늘어날 뿐이며, 카르마의 무게 또한 더욱더 무거워질 것이다!

'그러나 그날과 그때는 아무도 모르나니 하늘의 천사들도, 아들도 모르고 오직 아버지만 아시느니라.' 〈마태복음〉 24장 36절

저는 김도사님의 유튜브 내용에 많은 부분 동의할뿐더러 옳다고 느낍니다. 다만 위의 《성경》 이야기와는 맞지 않으니, 그 점을 어떻게 생각하시는지 궁금합니다…!?

내가 말해주마! 그 이야기는 또 다른 차원의 나였던 예수가 2천 년 전에 한 말이다. 지금은 그때에 비하면 많은 변화가 있는 시대 아닌가. 그 기간에 카르마도 많이 쌓였고. 가이아 어머니께서는 산고를 참고 있으신 모양새다. 이 대답이면 그대의 마음이 흡족하겠느냐?

나는 우주를 만드신 창조주의 아들로서 이 땅에 와 있

다. 내가 그날과 그때를 모를 것 같더냐? 내 아버지께선 이미 나에게 알려주셨다. 다만 세상이 혼란스러워지고 미쳐 날뛰는 자들이 나오지 않기를 바라는 마음에 내가 알려주지 않고 있을 뿐이다.

내가 거듭거듭 하고 싶은 말은 깨어 있어 부주의적 맹시라는 거미줄에 걸리지 말라는 것이다!

항상 주의하고 경계하라! 모든 일은 일 초도 안 되는 시간에 일어나고 끝날 것이다.

깨어난 자, 신성을 회복한 자, 들려지는 자들의 모습은 흔적도 찾을 수 없을지니…. 그들의 육신은 원소 형태로 분해되어 원래 있던 곳으로 갈 것이다.

내 말이 무슨 뜻인지 알겠느냐?

누구나 그 정도는 알고 있다. 100년 전부터 지금까지
준비해오고 있다.

⊙ 그대는 참으로 입이 거칠도다!
   욕을 해야만 꼭 거친 것인가? 마음 안에 불만이 가득하
   구나!
   정화하지 않으면 그 화가 그대의 온몸 세포를 공격할 것
   이다!
   글로써 말로써 사람들에게 공연히 상처 주지 마라!
   천계는 물론, 그대의 온몸 세포와 아카식 레코드에 기록
   될 터이니.

|◄◄ ▶ ▶▶| ◀))   ✿ ☐

**유튜브 타이틀은 '지구 멸망의 시기'인데, 끝까지 그
시기는 말하지 않으시네요.**

🔘 그걸 공개하면 세상이 어찌 되겠는가?

지구 끝날까지 최선을 다해 살되, 영적 성장에 힘써라!

《성경》의 오독과 악한 영과의 교통을 마치 성령과 《성경》말씀으로 거짓 포장하는 가라지 자손은 잘 새겨들으시오. 그대는 성령에 붙들리고 천사들의 손에 거두어져 불못에 던져질 것이오. 그대가 채널링 한다는 유리엘은 타락 천사이니 나도 거듭 경고하겠소!

〈요한계시록〉 12장에 기록된 대로 하늘에 전쟁이 있을 때 말씀에 따라 그대들과 별의 3분의 1이 땅에 고꾸라져 박힐 것이오.

김태광 형제, 빛으로 나오시고 성령을 받으시오!!

그대가 가라지라면 유리엘의 음성을 계속 들을 것이고, 그대가 알곡이요 하느님의 아들 중 하나라면 회개가 순서일 것이오.

어리석은 자여, 〈요한계시록〉에서 요한이 지칭한 예수 그리스도가 바로 나다!

그대는 요한을 만난 적이 없겠지만, 나는 거듭 그를 만났노라! 그대는 볼 줄 아는 눈도, 들을 줄 아는 귀도 없으니 그대야말로 독사의 후손이로구나!

더는 말하지 않겠다! 독사의 혀 같은 그대의 간교한 말에 미혹 당한 이들이 장차 올 그날 그대와 같은 길을 가게 될 것이다! 내가 하는 말은 즉시 천계에 기록되니, 믿어도 좋다!

내가 그대가 생각하는 자가 아닌 가짜라고 생각된다면 마음대로 조롱하고 모욕하거라!

내가 그대에게 내 아버지 창조주의 이름으로 소멸 천사를 붙일 것이니 매사 길 갈 때 조심하고 밤길을 거닐 때도 조심 또 조심하거라! 한눈파는 사이에 그대의 영은 이 땅에서 없어질 테니!

물론 그대의 영이 그대의 육신을 떠난다고 해서 다 끝나는 것은 아니다! 장차 있을 지구 멸망 때 그대의 영혼은 다시 내가 있는 이곳으로 소환되어 또 한 번 심판받을 것이다. 그러곤 영혼의 블랙홀로 빨려 들어가 무로 흩어질 것이다!

그대의 영은 살아남은 자들의 영의 거름이 될 줄로 내가 믿노라!

그동안 책 팔이, 상담 팔이로 천문학적 돈을 벌고, 수억 원에 달하는 고가의 차를 수십 대 사들이고, 수백억 대에 이르는 부동산도 매입하는 등 온갖 호사를 누리며 사신 걸로 압니다. 이제 얼마나 더 많이 누려야 직성이 풀리시겠는지요? 그대에게 온갖 호사를 누리도록 해주는 돈. 그 돈은 누군가가 허리띠를 졸라매고 피땀 피눈물 흘리며 번 신성한 노동의 대가란 걸 잊지 마시길~~.

어리석은 자여, 마음과 손발이 게으르고 독사의 혀를 가진 그대가 할 말은 아닌 듯하구나! 누가 들으면 내가 가만히 앉아서 사람들의 돈을 사기 친 줄로 알겠도다!

독사의 자식아, 그대는 그동안 글로써 말로써 얼마나 많은 사람에게 상처를 주었느냐? 나는 지난해 11월 24일

빛의 인문들을 위한 마인드 리셋

이후 천계의 유리엘 대천사, 가브리엘 천사장, 라파엘 대천사로부터 내 정체성에 대해 듣게 되었다. 우주를 창조하신 창조주의 아들로서 사명 완수를 위해 인간으로 육화한 존재라고 말이다. 지금 나는 그 뜻을 십분 아노라!

내가 분명히 말하노라! 지구의 멸망 시간은 이제 10년 남짓 남았을 뿐이다! 그날 건져낼 자와 버릴 자가 구분될진대 독사의 후손인 그대는 버려질 것이다! 그대의 악행이 나침반이로구나! 이미 그대의 이름은 천계에서 삭제된 줄로 아노라! 마치 일본처럼.

지금은 살아 있으나 이미 죽은 영혼이여! 선택된 자들 영혼의 거름이 될 것이니라!

그대의 댓글을 본 사람들의 마음이 교란되고 그대가 나를 욕할수록 그대의 카르마는 더 무거워질 것이다. 그리고 나를 조롱하고 모욕하는 그대의 영혼을 닮은, 서로를 끌어당겨 마치 눈 뭉치처럼 커진 이들이 그날 같이 무로 흩어지리라!

이에 그대의 댓글은 삭제하지 않고 그냥 둘 것이라!

창조주님은 사이코패스가 아닙니다. 차원 상승이라는 구실로 인간을 몰살할 분이 아닙니다. 지축이 바로 서야 한다면 수만 수십만 년에 걸쳐 인간 스스로 그 일에 적응토록 할 것입니다. 자연스럽게 차원 상승을 이루도록 말입니다. 인간의 생사는 운명에 달렸을 테니 바르고 행복하게 남을 배려하며 살기 바랍니다.

그대여, 말조심하라! 곧 그날이 닥치리니. 그대 말대로 창조주께선 가이아 여신께선 그런 분들이 아니시다. 그래서 글로써 말로써 사람들에게 상처를 주거나 해하는 이들을 없애기로 하신 것이다! 새로 열리는 4차원 시대, 즉 새 부대에 악한 이들, 묵은 포도주 같은 이들이 함께 섞이는 게 맞는 말이냐? 과연 둘 다 상함 없이 보전할 수 있겠느냐?

그대, 두려워하는구나! 죄 짓지 말고 깨어 있어라!

⏮ ▶ ⏭ 🔊 ⚙ □

이분, 예전엔 이런 글 안 썼던 것으로 기억하는데…,
갈수록 정도가 심해지네요. 좋은 영상들도 많았던 것
같은데…, 안타깝네요.

그대여, 그대 말이 맞는다! 지난해 11월 24일, 유리엘 대
천사가 나를 찾아와 아버지 창조주님의 뜻을 전하지 않
았을 때까지는 그랬으니!

지금은 창조주님의 뜻을 받드는 그분의 아들로서 메시
지를 전하는 것이니 오해 없기를 진심으로 바란다!

ㅎㅎ 참으로 관종이시네요. 재미있는 분이세요.

영상 보면 나름 호기심도 생기고 무협지 보는 느낌도
~~ ㅎㅎ.

그대여, 아무리 관종질을 한다 하더라도 이런 내용으론
좀 그렇지 않은가?

몇 억을 준다 한들 과연 그대는 이런 관종질에 자신을
팔 수 있겠는가?

부모, 형제, 친척, 지인, 친구들 다 무시하고 그럴 수 있
겠는가?

사람의 사고는 다 비슷비슷하다는 특성이 있다!

그러나 사명을 맡은 육적인 존재는 영적인 존재의 특성
으로 옮아가노라! 지구 축이 바로 설 때가 다 되었도다!
정신 차리고 깨어 있으라!

헐, 가지가지…. 다양한 짜깁기로 혹세무민을….ㅜㅜ

어리석은 자여, 그렇게나 창조주의 뜻을
훼손하고 싶은가!
그러고 싶으면 더 그리해보라!
내가 그대에게 표적을 보여주리니!
그러면 그때는 이미 늦으리라!
내 말뜻을 잘 알아듣도록!

김도사님, '다른 차원의 나'라는 게 《성경》 어디에 나옵니까?

그대여, 2천 년 전의 《성경》 내용에 얽매이지 마라! 《성경》 속의 뜻을 이해하고 그 뜻대로 행하면 되느니라! 그대의 행태는 마치 부모가 어린 자식에게 조언을 해주자 자식이 그 출처가 어디냐고 따지는 것과 같느니라! 그대는 그대를 낳아준 부모를 그렇게 대하는가?

그동안 내가 올린 영상과 커뮤니티 글을 면밀히 읽어보아라! 그대의 아둔함이 다소 줄어들 것이다!

빛의 일꾼들을 위한 마인드 리셋

예수님께서는 자신을 믿는 사람들에게 귀신을 쫓아내는 권세를 주셨습니다. 사탄, 마귀, 귀신들은 우리의 밥입니다.

그대여, 입술로만 주여, 주여 하지 마라! 그대는 귀신이나 사탄이 그대의 눈앞에 모습을 드러내면 기겁해 가장 먼저 소리를 지르거나 난리를 피울 인간이다! 입술로는 주님을 찬양하나 마음 안엔 이미 사탄이 가득하구나!

영적 성장을 이루기 전 타인을 위해 봉사활동 많이 하고 베풀고 배려하면 하늘이 무너져도 솟아날 구멍이 있다.

그렇게 살아라! 베풀고 봉사나 좀 하면서 그런 말들 하여라!!

그런 간사한 마음으로 베푼 선행으로 인해 과연 그날 들려질지 의문이구나!

깨어 있어라!

더 늦지 않게.

내가 얼마 전 꾼 예수님 꿈은 김도사 당신이 예수가 아님을 알려주시는 꿈이라는 걸 깨달았습니다. 교묘한 말들로 예수님과 사람들을 이간질하는 걸 알 수 있었습니다. 처음엔 나도 헷갈렸는데 당신 스스로, 당신 입으로 여러 신호와 사인을 보내 확실히 알게 되었습니다. 그때 그 꿈에 나온, 쫓기던 무서운 얼굴의 거만한 중년 남자가 바로 당신이라는 생각이 드네요.

지금 지구의 종말이 코앞에 닥친 건 맞습니다.

하지만 증오하는 마음이 당신 안에 있는 한 당신은 그날 무가 되어 흩어질 수 있어요.

당신 같은 사람이 정말 영혼을 파괴하는 사람입니다.

▶ 그대여, 그대는 내가 누구라고 생각하는가? 천사들과
함께 그대의 대답을 기다리노라!

⏮ ▶ ⏭ 🔊 ⚙ ☐

편의점, 교회, 점집… 음, 내가 전혀 가지 않는 곳이긴 하네요…. 그런데 돈 잘 벌고 잘사는 무당도 제법 있던데…. 무당들이 들으면 김도사님 맞아 죽겠는데요. 무당은 되고 싶다고 되는 게 아닌데….

▶ 되고 싶다고 되는 게 아닌 건 맞다!
그들의 돈은 그들의 것이 아니다! 저급한 영들인 그들이 쌓은 돈은 쉽게 흩어져 사라지느니라.

하느님은 살아계십니다! 저희 부모님은 대대로 우상 숭배 하는 집안에서 태어나셨고 저는 무신론자였는 데, 하느님께서 저의 영을 끌어올려 하늘 너머 더 높은 곳에 있는 천국을 보여주셨습니다. 그곳은 이 땅과 비교할 수 없는, 영광과 빛으로 가득한 곳입니다.

지옥은 이 땅 지하 깊은 곳에 있습니다. 그곳은 이루 표현할 수 없는 고통과 비명으로 가득 차 있었습니다. 아직도 그 소리가 생생히 들리는 듯합니다. 하느님은 분명 살아계시고 천지 만물을 창조하셨습니다.

인간을 사랑하셔서 이 땅에 하느님의 독생자인 예수 그리스도를 보내셨고, 우리의 죄를 대신해 십자가에 못 박혀 죽게 하셨습니다. 사흘 뒤 예수 그리스도를 부활시키심으로써 이 땅의 삶이 끝이 아니고 영생이 있음을 알게 하셨습니다. 우리의 죄를 구원하시기 위해 화목제물로 오신 그 예수님을 믿음으로써 우리는 천국에 갈 수 있습니다.

주 예수를 믿으십시오. 그리하면 당신과 당신의 집이 구원받습니다. 하늘, 땅, 바다, 산, 동식물, 인간을 보세요. 이것들의 시작은 분명히 있었습니다. 《성경》에 그 내용이 모두 나와 있습니다. 태초에 하느님이 천지만물을 창조하셨고, 인간을 만드셨고, 인간의 언어가 왜 각각의 나라마다 다른지, 말세에 어떤 일이 일어날지 등등… 오직 《성경》에만 기록되어 있는 사실들입니다.

그 어떤 종교도 위 질문들에 대한 해답을 모두 제시하지는 못합니다. 하느님의 말씀이 기록된 《성경》만이 진리인 이유입니다. 저와 엄마는 하느님을 만난 후 이 땅의 삶이 전부가 아니라는 걸 알게 되었습니다. 그리하여 삶이 완전히 달라졌고요. 결론은 예수님 안에서 천국에 소망을 두고 살면 어떠한 역경도 이겨내실 수 있다는 것입니다. 당신을 구원하기 위해 죽기까지 사

랑하신 주 예수님을 믿으세요~♡

'하느님이 세상을 이처럼 사랑하사 독생자를 주셨으니 이는 그를 믿는 자마다 멸망하지 않고 영생을 얻게 하려 하심이라.' 〈요한복음〉 3장 16절

'우리가 아직 죄인 되었을 때에 그리스도께서 우리를 위하여 죽으심으로 하느님께서 우리에 대한 자기의 사랑을 확증하셨느니라.' 〈로마서〉 5장 8절

'평안을 너희에게 끼치노니 곧 나의 평안을 너희에게 주노라 내가 너희에게 주는 것은 세상이 주는 것과 같지 아니하니라 너희는 마음에 근심하지도 말고 두려워하지도 말라.' 〈요한복음〉 14장 27절

▶ 어리석은 자여, 깨어 있으라! 그러지 않으면 곧 올 그날 흩어져 사라질 것이다!
내가 성서에 기록된 그자이니라!
그대는 곧 꿈 속에서 나를 보게 될 것이다!

말이 과하시네요. 저는 인간 자체가 악한 존재로서 배우거나 가르치지 않으면 물욕, 살인, 시기, 질투, 나태한 모습을 보이기 쉬운 종자로 알고 있습니다. 목사님이나 주지 스님 같은 종교인들이 그나마 그들을 깨우치려 애쓰고, 더불어 일반인도 사랑 또는 영적 힘으로 그들을 깨우치려 노력하고 있다고 보는데요. 굳이 그들을 일방적으로 편협하게 몰아가는 덴 문제가 있다고 봅니다.

물론 지금의 종교계는 인간을 종교를 맹신하는 도구로 이용하고 있습니다. 본인의 의지로 신성을 깨우면 누구나 구원이든 차원 상승이든 한 단계 업그레이드된다는 걸 현재 인류의 대다수는 모르고 있는 듯합니다.

▶ 어리석은 자여, 헌 부대는 이미 낡아빠졌노라! 그래도 원한다면 곧 올 그날 그대가 따르는 목사, 신부, 스님이라 불리는 자들과 함께 헌 부대에 담겨라! 그대는 모르면서 아는 척하는 선무당 같구나! 그대의 믿음대로 될지니 염려 마라! 어디든 그대가 택하는 곳으로 가게 될 것이다!

51

⏮ ▶ ⏭ 🔊   ⚙ ⬜

넌 누구냐?

▶ 너는 곧 나를 알게 될 것이다!

조금이라도 깨어나면 나를 알게 될 것이며 충격에 휩싸일 것이다! 그대는 차라리 깨어나지 않는 편이 낫겠구나!

나는 2천 년 전 내가 다 끝내지 못했던 그 일을 하러 온 자이니라!

20대 때 한동안 요런 내용에 심취했었지요. 벌써 30
년이 다 되어가네요. 이런 유의 이야기는 믿거나 말거
나, 지만요. 영생을 위해, 저장을 위해 라엘리안무브먼
트에 세포를 전송하는 것 같은 이야기 말이에요. 그런
데 은하함대도 30년 전의 이야기잖아요? 그놈의 은하
함대는 언제 클로킹을 푼데요? 언제 모습을 보여준데
요?

아둔한 자여, 30년도 기다리지 못하고 이따위 글을 불특
정 다수가 보는 곳에다 썼느냐? 내가 보기에 그대의 의
식이 이미 클로킹을 푼 것 같구나! 조금만 더 참지 그랬
느냐? 이제 몇 년 안 남았느니라!

빛의 일꾼들을 위한 마인드 리셋

⏮ ▶ ⏭ 🔊 ⚙ ▭

유리엘 대천사가 누구예요?

아무도 경험해 보지 못한 영적 세계를 이론화한다는
게 가능합니까? 뭔 단계니, 저급이니….

무슨 근거로 종교를 비하하는 건가요?

그리고 무슨 근거로 이런 짓거리를 답이라고 외치나
요?

▶ 그대는 유리엘 대천사가 누군지 알 필요도 없을 것이다!
영원히 만나지 못할 테니…. 그대는 몇 년 후 올 그날 그
대가 갈 자리를 이미 알고 있도다! 나는 창조주의 뜻을
받드는 자다! 그대는 그날 그대가 서게 될 그쪽을 향해
반응하고 있노라!

우리의 영혼은 불멸의 존재 아닌가. 다만 육신이란 집
에서 벗어나 있을 뿐.

어리석은 자여, 이번 지구 극이동 때는 그동안 허용되었
던 아빠 찬스! 윤회 시스템이 더는 작동하지 않고 폐기
되느니라! 그대는 재시험이 더는 허용이 안 된다는 걸 모
르는 수험생과 같노라! 깨어나라!

빛의 일꾼들을 위한 마인드 리셋

⋯무당을 저급 천사로 보다니요. ⋯부처 눈엔 부처가 보이고 돼지 눈엔 돼지가 보인다 했으니 ⋯ㅉㅉㅉ 불쌍한 인생이로세. ⋯ㅉㅉㅉ 저희 조상이 천상에서 통곡하고 있는 게 내 눈에 선하거늘. 지금부터라도 마음을 고쳐먹길 바랄 뿐이네요. 하늘님은 그대를 버리지 않으셨으니.

어리석은 자여, 창조주의 아들로서 내가 다시 한번 천명하노라! 목사, 신부, 스님이라고 불리는 자들, 영매, 무당들은 모두 저급 천사이니라!

그대의 눈엔 내가 돼지로 보이는구나! 나는 그날 건져낼 자와 버릴 자를 구분 지을 자로 그대는 버려질 자로 보이는구나! 그대는 살아 있으나 죽은 자로다! 천계에선 이미 삭제된 자와 같으니 마음대로 지껄이거라!

그대의 생각과 말과 행동은 그대의 온몸 세포에 1차로 기록되고, 2차로 아카식 레코드에 기록된다. 그럼으로써 천계에도 적히게 된다! 내가 그대의 언행을 증언할 것이니라!

도사님, 이미 정해졌어요. 살 자와 죽을 자는 이미 정해졌습니다. 도사님은 그들을 구할 수 없어요. 어쩔 수 없지요.

그렇다! 가이아 여신께서 내게 이미 결과는 나와 있다고 하셨느니라!

그러나 약간의 오차는 있으니 깨어 있어라!

내가 그 약간의 오차를 메우러 온 자이니라!

사람들을 깨우치시겠다면서 다는 댓글마다 저주를 퍼
부으시네.
사람을 사랑하는 마음을 키우소서.
당신의 하느님은 사람 안의 불성조차 못 알아보는 봉
사인가 보오.
그런 마음이라면 하느님의 하느님이 오시더라도 딴
데 가서 알아보시라 하겠소. 도대체 무엇을 위한 구제
라는 건지….

어리석은 자여, 그대와 같은 자들을 버리기 위해 왔노라!
지구는 곧 회귀할 것이니라!
없앨 것은 없애야 하노니!

뭔 소리인가? 비기독교인인가, 《성경》을 믿지 않는 무신론자인가, 교주인가?

그대가 목매어 기다리는 재림예수는 교회 목사들 가운데서 나올 것이니, 믿고 기다려 보아라! 나는 그대를 알지 못한다.

UFO는 절대로 개발할 수 없습니다. 초고도 기술? 초고도 문명? 현실과 상상은 구분되어야 합니다. 시간여행 양자역학 순간이동 UFO 초음속 우주선, 엄청난 정신력으로 물질을 움직이는 염력… 등등 말입니다.

그대의 아둔함이 그대와 같은 자들을 미혹하고 교란할 것이다! 둘 다 그날 땅 위에 버려질 것이다. 그대는 이미 그날 본인의 위치를 지정하는 말을 했다. 내 말은 그대로 시행될 것이니 믿어도 좋다!

빛의 일꾼들을 위한 마인드 리셋

참! 어리석은 중생이야. 마이클이든 미카엘이든 누구든 당신들은 늘 이원적으로 사고해. 예속되고 나약하게 창조된 인간인 자신과는 다른 구원자가 존재한다는 식으로. 구원은 누가, 남이 해주는 것이 아니지. 본인이 자신의 진면목을 드러내 보이면 되는 거지. 누가 대신 구원해준다고? 그놈의 천사와 예수 그리고 하나X이? 그놈인지 그 님인지 만들 때 똑바로 만들 것이지 어리석게 만들어서 기망당하게 하고. ㅉㅉ.

어리석은 자여, 지금처럼 앞으로도 계속 그렇게 떠들어대라! 건질 자와 버릴 자를 구분해내야 하는 천사들의 수고를 덜어주는 셈이니까. 내가 어떻게 말해주길 바라느냐? 그대는 인성은 물론 영격까지 바닥인 자로다. 살아 있되 죽은 자와 다를 바 없구나! 천계에서 삭제된 일본처럼 그곳에서 삭제된 자로다! 이 자의 말에 미혹되어 이 자를 따르는 자는 이 자와 같은 마음, 입술을 가진 자다! 한데 휩쓸려 사라지고 말리라!

《성경》하곤 전혀 안 맞는데요? ㅡ.ㅡ

'그러나 그날과 그때는 아무도 모르나니 하늘의 천사들도 아들도 모르고 오직 아버지만 아시느니라.' 〈마태복음〉 24장 36절

성서에 나오는 그 말은 또 다른 차원의 나였던 예수가 2천 년 전 한 말이다! 지금의 지구 상황은 그때와 너무나 다르다. 카르마의 무게는 감당할 수 없을 만큼 무거워졌고, 곧 그 일이 벌어질 것이다! 지금은 하늘의 천사들도, 아들인 나 역시도 그 때를 알고 있노라! 그대는 《성경》만 읽었지, 그 안에 담겨 있는 비의적 뜻을 해석해내는 능력이 없구나! 그런 지경이라면 혼자 조용히 깨어나려고 애쓰는 게 정석이리라! 그대가 생각 없이 쓰는 한 문장의

글이 많은 사람을 구렁텅이로 내몰 것이다. 그 죄 또한
가볍지 않다!

본인을 도사라고 하네. 그래서 물질은 많이 모으셨나? 책은 많이 파셨나? 어차피 지구를 벗어날 운명이라면서 책을 판 돈으로 무얼 하시려고 물질에 집착하시나? 인간들에게 무엇을 알려주려고 애쓰지 말아요. 주어진 삶을 열심히 살다 가면 그걸로 되는 겁니다.

어둠이 빛을 공격할 때의 방식을 취하는구나! 그대의 마음 안이 빛으로 가득하다면 지금과 같은 말은 하지 않았을 것이다! 나는 지구 끝날까지 내가 해오던 일을 충실히 해나갈 것이다! 그대도 깨어나기 위해 노력하기보다 지금 주어진 삶을 열심히 살면 되겠구나! 그대와 나는 만날 일이 없겠구나. 각자의 길로 가면 되겠구나! 잘 가거라!

종교론을 무시하시지 않았나요? 그런데 지금은 왜 예수 재림을 주장하시는지요? 많이 혼란스럽네요. 매일 도사님 유튜브를 듣는 사람으로서 뭔가 중심이 없는 것 같아요. 정말 뭐죠?

🔘 그대가 깨어 있지 않은 자, 중심이 없는 자이니 그렇게 반응하는 것이다! 그대도 많은 사람처럼 나를 재림예수라고 생각하지 않으면 될 것이다! 그러면 혼란스러워할 필요도 없을 테고! 진짜 혼란은 아직 도래하지조차 않았으니….

김도사님의 정신세계는 존중합니다만 소설 같은 가설로 혹세무민하면 안 됩니다. 50여 년 전 한국의 에드가 케이시로 알려졌던, 전생 연구가인 저의 스승 안동민 선사도 많은 영성 책들을 펴낸 바 있습니다.

그대는 그대의 인생 자체가 소설이라는 걸 모르느냐? 삶이란 그 사람의 생각을 통해 그려지는 것이다! 그대는 그대의 갈 길을 이미 정해놓은 듯하니 더는 말하지 않으마! 안타까움을 자아내는 자여, 깨어나라!

참 가지가지 한다. 먹고사는 방법도 여러 가지네.

 어리석은 자여, 의식이 가난한 사람들 대부분처럼 그대
도 먹고사는 '문제'에 목매고 있구나!

세상 인간이 먹고사는 방식은 여러 가지이겠지만 깨달
은 자, 영의 세계를 보는 자가 먹고사는 방법은 단 하나
다! 영성, 신성, 창조주와의 합일! 그대의 지금 그 말이
그대의 영이 이를 곳을 적나라하게 보여주는 셈이다! 내
말을 귀담아듣거라, 성령의 말씀이니라!

답글을 굳이 도통군자처럼 쓰는 이유가 뭔지요?

영상의 말투와 댓글의 뉘앙스가 너무나 달라서 물어

봅니다.

영상으로 도사님의 신분을 밝히고, 글체로 재림예수

로서의 정체성을 드러내려 하는 건가요?

도사님 정도면 제 글을 읽고 사심 없이 여쭤보는 제

뜻을 아실 거라 봅니다. 답변 부탁드립니다.

그대는 정녕 몰라서 묻는 것인가? 내 글은 성령께서 내

손을 빌려 쓰시는 것이다!

답이 되었는가? 그날이 곧 닥치리니 깨어 있어라!

이런, 주의 지팡이와 막대기~~~를 그렇게 갖다 붙이
시네요~~ 우하하!

역대급 해석이에요~~. ㅋㅋㅋ

주의 몽둥이라고 하지 않은 걸 다행으로 여겨라! 너희
인간들은 창조주 하느님 앞에서 온갖 짓을 다 해오지 않
았느냐? 그날이 곧 닥치리니 깨어 있어라!

도사님, 많이 아시네요. 이 지구는 하느님 것입니다. 그리고 이미 대리인 내려보내셨어요. 도사님이 하느님 아들이라고요? 그러면 다 아시겠네요. 신이시면, 신과 함께하는 사람이면 알겠지요. 아직은 때가 아니란 걸 말이에요. 유튜브에서 공식적으로 확언하시니, 확인 부탁합니다. 아직은 때가 아닌 것 같다는 제 생각이 맞는지, 아닌지.

이번만 답하마! 조금 들은 바 있는 듯하니…. 내가 바로 하느님의 아들, 그자다! 이미 정해진 대로 세상에 보내진 것을 모르겠느냐? 아버지의 뜻이니라! 대천사들이 나를 찾아와 그걸 일깨워줬노라!

그대는 그 입을 조심하고, 창조주의 아들로서 온 나를 미혹, 교란하려 들지 마라! 그 죄가 크도다!

어휴~~,

애쓰시네요.

속지 마세요.

코에 걸면 코걸이 귀에 걸면 귀걸이. ㅠㅠ — ㅠㅠ

그대의 코와 귀는 바쁘게 걸고 또 거느라 너덜너덜해졌

겠구나!

머지않아 이를 그날, 그대의 몸과 마음은 몹시도 바쁠

것이니!

깨어날 가능성이 거의 없어 보이니, 그대

마지막 축제를 즐기거라!

예수님은 곧 오십니다. 휴거가 임박했습니다. 예수님 믿고 구원받으세요. 우리의 구원자는 오직 예수님뿐 이십니다.

▶ 어리석은 자여, 그대의 글을 보니 마치 딴짓하다가 버스 를 놓친 누군가가 떠오르는구나!

몇천 년 뒤에나 있을 일들을 당시의 제자들에게 말해
준 건 또 어떤 뜻에서 한 일인지….

— 말하는 자나 듣는 자나….

그대는 꽃이되 향기가 없는 꽃이로다!
살아 있되 죽은 자로다!

우리나라는 사기죄 형량이 말도 안 되게 가볍다.

그러니 사기꾼들이 판치지.

그대는 창조주를 모독하는 말을 하고 있다! 그 죄는 영원히 용서받지 못할 것이다! 그대의 말은 그대의 손가락에서 나온 것이 아니다! 그대의 입술도 아니다! 그대의 마음에서 나온 것이라! 그동안 글로써, 말로써 얼마나 많은 사람을 핍박해왔느냐! 그대의 말은 그대의 온몸 세포와 천계에 기록되었도다! 그것이 곧 올 그날 그대의 위치를 정하는 나침반이 될 것이라! 그대는 이미 자신이 갈 곳을 알고 있다. 잘 가거라!

개콘이 따로 없네, 그려.

그대의 말에 따라 그대는 개콘과 같은, 말도 안 되는 참혹한 상황에 직면하게 되리라! 그대의 말은 그대의 마음에서 나왔노라! 마음은 무엇인가? 그대의 에너지다! 잘가거라!

인간이 죽은 이후를 걱정해야 한다니, 신께서 지켜보십니다. 알량한 지식으로 사심을 채우지 마세요. 세상이 멸망해도 변하는 건 아무것도 없습니다. 주어진 삶이나 열심히 행복하게 사세요. 그것이 창조주의 뜻입니다.

그대의 말은 무엇이더냐?

곧 올 그날 그대의 위치를 정하는 말이로다!

그대는 마치 아프면서도 건강하다, 거짓 행세하는 자와 같도다! 그대의 말이 그날 그대의 위치를 정하는 나침반이 될 것이다!

기억하라!

이 말은 성령께서 나의 입을 빌려 하시는 말씀이다!

⏮ ▶ ⏭ ◀))   ⚙ ☐

예수 때 이후 지금껏 세상은 멸망을 향해 가고 있지 않습니까? 앞으로도 계속 조금씩 조금씩 영적 의식도, 육체도 진화할 것입니다. 수십만 년 동안 진화해오던 공룡이 하루아침에 멸종해버린 예를 반면교사 삼아 우리 인간도 지금 주어진 삶에 충실해야 하지 않을까요?

▶ 이제 주어진 삶만 충실히 살려고 하기엔 너무 늦었노라! 마음의 준비를 해라!

지구가 멸망하기까지 10년이나 남았다고 하지 않았
나요?

● 참으로 어리석도다! 지난 10년 동안 그대는 과연 무엇을
했더냐? 질문을 보니 그대는 당장 깨어나지 않으면 그날
영혼의 블랙홀로 빨려 들어가 무로 흩어질 자로다! 그대
와 같은 이들 거의 전부가 그날 죽을 것이다!

하늘로 간다고요?

언제 어느 때냐고요?

뭔 소리인지ㅡ.

게으른 종에게 주인이 곧 오신다, 준비하거라! 일러두었지만, 그는 딴 데 정신이 팔려 주인 맞을 준비를 하지 못했다!

그대가 내게 하는 질문은 그와 같은 게으른 자가 하는 질문이다!

그대는 자아가 너무나 강하구나! 온 힘을 다해 의식 성장에 힘써라!

곧 그날이 닥치리니….

언제 이런 적이 있었습니다. 한 유튜버가 곧 지구 멸망급 지축의 변동이 있다, 우리나라에서 가장 안전한 곳은 어디다, 그렇게 피난 장소를 알려주며 불안감을 조성하다 댓글러들의 집중포화를 받게 되었지요. 그 뒤그 유튜버는 계정을 폐쇄하고 사라져 버렸습니다. 내일 지구의 종말이 올지언정 나는 오늘 한 그루의 사과나무를 심는 심정으로 살 겁니다. 너무 자극적이고 불안을 조성하는 콘텐츠는 지양하는 게 좋을 것 같다는 생각에 이 답글을 남깁니다.

그대여 잘 들어라! 어찌 내 아버지 창조주를 겁박하느냐? 온 우주를, 너희를 만든 이가 누구더냐? 난 바로 그분의 아들이로다! 그대의 마음이 곧 올 그날 차원 상승여부를 가리는 나침반이 되어줄 것이다!

천상의 정부가 배치한 144,000명을 위한 안내서

유리엘 대천사다. 김도사는 응답하라!

창조주의 뜻을 받들고 있는 유리엘 대천사를 빌려 나를 소환하니 기분이 좋으냐? 나는 알고 있도다! 너의 지금 그 가벼운 마음이 어디에서 왔는지, 그리고 네가 지금 어디로 향하고 있는지…. 너는 곧 꿈이든, 환시든, 나를 보게 될 것이다!

기억하거라! 네가 유리엘 대천사를 모독한 걸 당장 회개하고 뉘우치지 않으면 소멸 천사가 네 곁에서 널 데려갈 틈을 노릴 것이다! 어둠의 시체 같은 자여, 절대 잠들지 말아라! 너의 혼이 지구 극이동 전에 떠날 수도 있으리니. 더 늦지 않게 깨어나거라!

기독인이 영성을 다루니 이런 이야기만 올리지.

그대는 나에 대해 전혀 모르는구나! 안다면 대답해보라!
다만 신중하게 대답해야 할 것이다! 너의 생각이 일어남
과 동시에, 말이 되어 나옴과 동시에, 행동함과 동시에
천계에 기록되리니! 선을 넘지 말아라!

창조주 하느님의 아들이라면서 자신을 비난한다고 저주의 말을 퍼붓는 사람이 과연 신과 영성을 말할 자격이 있나요? 영성과 신을 믿지 않는 사람과 다른 게 뭔가요?

겉으로는 나를 비난하고 모욕하는 것처럼 보이나 그 속을 들여다보면 내 아버지 창조주님을 비난하고 모욕하는 것과 같으니! 이걸 너희는 '돌려 까기'라고 하더냐?

중요한 시기인 지금, 그대의 말은 그날 그대의 위치를 결정하는 저울질에 한 줌 더 보태는 격이 되리라!

이번엔 절대 자비가 없음을 기억하라!

깨어나라!

몇 년 안에 갱생, 재생의 윤회가 없는 죽음이 닥치리라!

빛의 일꾼들을 위한 마인드 리셋

⏮ ▶ ⏭ 🔊 ⚙ ☐

그날 전 죽지 않을 겁니다.

🔘 질병이 어떻게 찾아오느냐?
불시에 오지 않느냐!
깨어 있어라!
신성을 회복하라!
그러면 영원히 살 것이다!

⏮ ▶ ⏭ 🔊   ⚙ ▢

궁금해서 그러는데요. 창조주 하느님은 처음부터 왜
죄인인 인간을 만들었을까요? 안 만들었으면 죄인도
없었을 거 아니에요. 자신이 만들어놓은 인간을 죄인
이라고 하는 이유가 웃기네요. 실제로 그 창조주 하느
님이 만들었는지도 의문이지만요.

▶ 머지않아 그대는 그대의 물음에 대한
   답을 듣게 될 것이다!
   참담한 심정으로!

빛의 일꾼들을 위한 마인드 리셋

◄◄   ▶   ▶▶◄   ◄)))   ✿   ▢

10년 후면 확실히 지구가 멸망한다고 말씀하셨는데 10년 딱 지나서 지구가 멸망하지 않으면 뭐라고 하실 건가요? 지구 극이동이 10년 후 만 년 동안 이어지는 건 아닐까요? 창조주님은 인간을 만들어놓고 왜 이런 극한 방법으로 인간을 죽이려 하시나요? 차원 상승을 하게 하려면 인간이 적응할 시간, 즉 수백 수천 년에 걸쳐 지구 극이동을 진행해야 하지 않을까요?

인간인 이상 어떤 이라도 신의 뜻, 창조주님의 뜻을 알지 못합니다. 그것을 이용해 인간에게 공포심을 심어주는 방송 그만두세요. 설사 그런 일이 생긴다 한들, 미리 알려 준다고 한들 달라지는 건 없습니다. 신은 인간에게 모든 것을 말해주지 않습니다.

▶ 그대는 창조주의 뜻을 모독했다.

그 죄가 가장 크니라!

천계에 다 기록되었다.

내가 증거할 것이다!

당장 회개하고 뉘우쳐라!

그러지 않으면 그대는 그날 영혼의 블랙홀로

빨려 들어가 무로 흩어질 것이다!

그분의 아들이자 메신저로서 말하노라!

중공이 우리 민족에게 행한 죄는 지구 극이동을 통해… 없어지나요?

다른 나라, 다른 이들의 죄를 캐묻기보다 본인의 앞날, 코앞에 닥친 지구 극이동을 염려하라! 진정 깨어 있으라. 그대에게 더는 윤회란 기회가 없을 테니!

**진짜, 죽을 만큼 힘들어서 자살한 건데… 그런 불쌍한
사람을 벌주다니? 그게 신인가요? 악마인가요?**

이렇게 그대에게 말해보겠다! 어떤 사람이 다른 사람들
과 함께 재미있는 게임을 계획하고 참가했다고 하자. 그
런데 막상 그 게임에 참가하고 나선 자신이 그 게임을
세팅했다는 걸 망각하게 된다. 게임에 계속 지면서 게임
이 힘들게만 느껴진 그는 일방적으로 게임을 그만두고
만다.

이때 게임을 그만둔 것은 죄가 아니다! 다만 그 일로 인
한 결과는 반드시 책임져야 한다. 영혼은 영적 진화를
거듭해가는 존재인데 자살은 그것을 스스로 가로막는
다는 뜻이다.

빛의 일꾼들을 위한 마인드 리셋

자, 내가 묻겠다! 그대는 이런 사람이 사후세계에서 깨우치도록 합당한 과정을 겪게 하는 것이 벌이라고 여기는가? 진정 그러한가?

그대는 스스로를 불쌍한 사람이라고 여기는구나. 세상에 불쌍한 사람은 없다. 스스로를 불쌍하다고 여기는 사람만 있을 뿐이다! 그대가 깨어나지 않는다면 자살하고 싶어도 더는 그러지 못할 것이다! 곧 일어날 지구 극이동 때 그대 영혼은 블랙홀로 빨려 들어가 무로 흩어지리라!

한글을 덧씌운 언어라…. 정확히 검증하셨는지요?

〈일본어 속 한자〉

5세기경 일본에 소개된 한자는 그 이후 수 세기 동안 일본어에 큰 영향을 미쳤습니다. 일반적으로 약 2천 개의 표준 한자가 현대 일본어에서 사용되지만, 약 5만 개에 이르는 한자 문자도 존재한다고 추정됩니다. 이러한 문자는 복잡하며 종종 그 의미를 시각적으로 나타냅니다. 예를 들어, '산'을 나타내는 한자(山)는 산을 닮았습니다.

한자는 오랫동안 공식 문서, 문학 및 학문적 텍스트에 사용되어 왔고, 현대 일본어에서도 여전히 널리 사용됩니다. 그러나 한자 문자의 복잡성과 수량은 일본어를 습득하려는 학습자들에게 어려움을 가중시키고, 이는 히라가나와 가타카나 개발로 이어지는 계기가 됩니다.

〈히라가나의 발전〉

히라가나는 서기 794년에서 1185년 사이 일본의 헤이안 시대 때 개발된 음절 문자입니다. 이 스크립트는 특정한 중국 문자를 간소화하고 수정해 일본어 음성 소리를 나타내도록 만들어졌습니다. 한자와 달리 히라가나는 귀족이나 공식 문서용보다 일반인이 더 쉽게 접근할 수 있도록 개발된 문자입니다.

헤이안 시대 때 히라가나는 '여성의 글자'로 불렸습니다. 여성들이 쓴 문학작품과 관련이 있어 이런 이름이 붙었습니다. 현대 일본어에서는 일본어 원어, 동사 활용, 어미 및 조사와 같은 문법 기능에 사용됩니다. 히라가나 문자는 곡선 모양이며 한자보다 간단하고 쓰기와 읽기가 쉽습니다.

〈가타카나의 출현〉

히라가나와 같이 가타카나도 음절 문자입니다. 이 문자는 헤이안 시대 초기에 등장했습니다. 히라가나는 일본어 원어 및 문법 기능에 사용되었지만, 가타카나는 다른 목적을 가졌습니다. 중국어나 한국어 같은 외국어 단어와 이름을 표기하는 데 사용된 게 그 단적인 예입니다.

그 각도와 직선적인 라인이 특징인 가타카나는 그 점 때문에 더 곡선적인 히라가나와 구분됩니다. 이 차이점은 두 문자를 쉽게 식별하도록 돕습니다. 시간이 지나면서 가타카나는 외래어뿐만 아니라 의성어, 과학 용어 등을 포괄하며 그 사용 범위를 확대해왔습니다.

〈히라가나와 가타카나의 현대적 역할〉

히라가나와 가타카나는 현재의 일본어 작성 시스템에서 계속 중요한 역할을 맡고 있습니다. 히라가나는 일본어 원어, 동사 활용, 조사 및 어려운 한자 발음을 제공하는 데 사용되고, 가타카나는 외국어, 과학 용어 및 특정 단어나 구절을 더 강조하는 데 사용됩니다.

▶ 어리석은 자여, 그대의 영혼은 어디에서 왔는가? 땅에서 왔는가? 어리석은 인간에게서 왔는가? 내 말에 대답해보라! 그대의 영혼은 창조주에게서 왔도다! 창조주가 그대의 영적인 어머니요, 아버지요, 부모이니라!

그동안 내가 공개한 천계의 계시는 모두 창조주에게서 왔다. 그리고 대천사는 창조주의 뜻을 받드는 존재다! 그대가 천계에 검증을 요청해보았느냐고 반문했더냐! 지극히 인간적이고 합리적인 의심이랄 수도 있겠지만, 이런 의심이 그대 의식의 깨어남을 방해할 것이다! 그대를 고통스럽게 할 것이다!

너희에겐 '돌다리도 두들겨보고 건너야 한다'라는 속담이 있다! 하지만 이 속담은 너희 인간 세상에나 먹히는 것이다! 그대는 의심하고 또 의심하다가 마지막 날 무로 흩어질 것이다! 깨어나라!

김도사님의 에너지는 괜찮은 것 같은데, 유리엘 대천
사님의 메시지는 기존 예언들과 비슷할뿐더러 익숙한
내용이네요. 진짜인지 카피인지 고개를 갸우뚱할 때
가 있을 만큼요.

영성 판에는 스스로도 진짜인지 가짜인지 모르는 도
인들이 많기는 합니다. 종양이 안테나라니 어이없을
뿐입니다. 왜 채널러의 몸에 물질적인 안테나가 필요
합니까?
활성화된 차크라는 안테나의 역할을 충분히 커버할
수 있습니다.
특히, 초심자에게 영적 체험을 너무 신뢰하게 만드는
건 위험할 수 있다고 봐서 글을 길게 씁니다. 귀신들의
장난이 얼마나 오묘한데요.

무엇보다 개인의 체험이나 꿈일 뿐인데 남이 알 필요가 있나요?

제 생각일 뿐이지만, 숱한 영적 체험 끝에 내린 결론입니다.

기본적으로 영적 상승을 위해 가장 중요한 것은 카르마를 정화하고 해소하는 것입니다.

다른 사람의 깨어남을 도와준다며 나서는 것! 의도는 좋지만 그의 카르마를 더 쌓게 하는 일이 될 수도 있습니다.

마음공부 시켜준다면서 비싼 돈 받는 것!
자신의 카르마를 엄청나게 쌓는 일입니다.
마음공부라는 말 자체가 사실 영성과는 동떨어진 단어지요.
마음이 없어지는 그 자리에 영혼이 깃드는 것인데….

▶ 그대는 사람인가? 사탄인가? 나의 질문에 대답부터 해보라!

그대는 어찌 창조주님의 뜻을 받드는 대천사를 모욕하는가? 대천사를 모욕하는 것은 그 뜻의 근원인 창조주님을 모욕하는 것이다!

그대는 내게 한 질문을 그대가 믿고 따르는 교회에 가서 그대로 해보라! 구원을 명목으로 30가지나 되는 헌금에다 십일조까지? 게다가 밥 한 그릇에 5천 원가량을 받고, 기도할 때의 무릎 통증을 예방해준다며 5만 원씩이나 하는 방석을 팔아먹는 등 가난한 사람들의 두려움을 이용해 돈을 갈취하는 그들에게 가서 내게 질문한 것을 그대로 해보라!

그대는 아버지 창조주의 뜻을 받들고 있는 대천사를 어찌 모욕하는가? 어찌 내 아버지를 모욕하는가? 그대는 내 마음을 흩트리려는 사탄이다! 그대가 사람이건 사탄이건 괘념치 않겠다! 그대는 머지않아 있을 지구 극이동 때 스스로 갈 자리를 정하게 될 것이다!

언어가 저급하다는 게 침몰 이유 중 하나라는 데 동의
할 수 없습니다.

그대가 동의하든 안 하든 지구는 자전하고 또 공전한다!
그대가 명확하지 않은 이유로 그들(일본)을 두둔하고 나
서는 건 마음에 그런 씨앗이 있어서다!

깨어나지 않으면 그날에 그대의 영혼은 무로 흩어질 것
이다!

김도사님이 혹시 재림예수님이신가요?

 묻지 마라! 그대는 이미 알고 있다!

내가 누구인지….

그러나 누가 재림예수인지는 중요치 않다!

곧 대재앙이 닥치리니!

천계에선 이미 결정된 일이로다!

지금의 지구 문명엔 문제가 많다는 걸 압니다. 심히 우려될뿐더러 이로 인해 인류의 생존에 심각한 영향이 미칠 거라는 것도 인정합니다. 일본이 나쁜 짓을 많이 해서 그 업으로 천계에서 삭제된다면 독일이나 식민지 건설을 구실로 수많은 사람을 죽인 유럽 여러 나라는 왜 삭제되지 않나요? 중국이나 러시아, 북한은요? 그러고 일본의 문자가 왜 저급하다는 겁니까? 수많은 지구멸망론의 하나로밖에는 보이지 않는군요.

그대는 참으로 어리석도다!

인간의 눈으로 보니 보이지 않고 들리지 않는 것이다!

곧 다 죽을 것이다! 깨어나라!

천계에선 이미 지구 리셋을 결정했느니라!

지구의 멸망은 이미 시작되었도다!

천상의 정부가 배치한 144,000명을 위한 안내서

이미 많은 예언자가 지축변환에 따른 환란을 이야기한 바 있지요. 김도사님의 결론은 책을 써야 그때 구원받을 수 있다는 말씀이신가요? 어떤 식으로 책을 써야 영적으로 깨어나고 구원받을 수 있는지 구체적으로 말씀해주셔야 할 것 같은데요?

그대는 손끝 하나 까딱 안 하고 쉽게 얻으려고만 하는구나! 깨어나지 않으면 그대는 얻지 못할 것이고 그날 흩어져 사라지리라!

◄◄ ▶ ►►| ◀))   ✿ ▢

제목이 그리 좋지 않네요. 순진한 청소년들에겐 득보
다 실이 많을 듯합니다. 신중하게 제목을 만드는 게
좋을 듯합니다. 감히 부탁드리는 바입니다.

▶ 지금 그 마음으로 자녀들을 양육하라!

입술로는 사랑을 말하나 마음에는 비방하려는 의도가
가득하구나!

죄 짓지 말고 깨어나라! 그날이 몇 년 안 남았구나!

삶과 죽음은 동전의 양면과 같으니 복(福)을 짓고 살아
야지 업(業)을 짓고 살면 안 됩니다. 흔한 예로 이혼도
대부분 영가 장애에 의한 것입니다. 누가 성격 차이라
고 말하나요?

세 치 혀로 사람들을 가르치려 하지 마라! 너의 마음속
엔 사악함이 가득하니라!
더는 죄 짓지 마라!
깨어나지 않은 자는 그날 무로 흩어져 사라지리라!

95

왜 자꾸 《성경》을 인용하시나요~~?

〈마태복음〉 25장의 열 처녀 비유는 예수님 재림 시의 비유이지 지구 멸망(극이동)을 나타낸 것이 아닙니다.

당신의 주장을 펼치는 데 더는 《성경》을 인용하지 마십시오.

아둔한 자여, 그대는 뼛속 깊이 종교에 세뇌되었구나! 지구 멸망이 있기 전 재림예수를 보게 되겠지만 그대는 외면당할 것이다!

예수 재림과 지구 멸망, 지구 극이동은 하나이니라! 그대는 비의적 뜻을 알아채지 못하고 세 치 혀를 놀리고 있나니 그대의 그릇된 신앙, 믿음이 그대를 저 아래로 끌어내릴 것이다!

천상의 정부가 배치한 144,000명을 위한 안내서

쨍하고 선명한 에고가 그대의 영혼을 자유하지 못하게 하고 깨어나는 것을 막는구나! 그대의 영혼은 무로 흩어지리라!

지구 극이동이 있다 하더라도 수백 수천수만 년에 걸쳐 일어날 것입니다. 공룡들도 한순간에 멸종된 것이 아닙니다. 수천수만 년 동안 진화하다 멸종된 겁니다. 다들 착한 일 하며 사시고 행복하세요~~.

아둔함이 그대의 영혼을 영혼의 블랙홀로 빨려 들어가게 할 것이다!

《성경》에 쓰인 대로 지금은 지구의 마지막 시대로서 예수가 재림하시면 이 지구는 심판받고 불타 없어질 것입니다.

▶ 머리로만 생각하지 말고 영적으로 깨어 있으라! 그날에는 상승 천사와 소멸 천사가 알맹이와 쭉정이를 가릴 것이다!

김도사님, 그날에 대비해 그 많은 부동산 다 정리하실 건가요?

나의 재산은 내 것이 아니다. 천상의 정부가 쓸 것이다! 다 창조주 하느님의 것이란 말이다! 지구에 있는 모든 것들, 너희가 가지고 있는 모든 것들은 육체를 벗은 다음에야 가져갈 수 없는 것들일 터. 지구 극이동 때 거의 다 죽을 너희의 영혼은 살아남은 자들의 의식 화폐로 쓰일 것이다.

멸망은 없습니다. 다만 진화할 뿐.

아둔한 자여! 인류는 수많은 윤회를 통해 영적으로 진화할 기회가 있었다. 그럼에도 불구하고 너희의 영적 수준은 아직 유아기의 그것도 되지 않는다! 더는 윤회를 통한 갱생, 재생은 없다! 깨어나지 않은 영혼은 무로 흩어질 것이다!! 무지몽매한 자여, 사람들을 교란하지 마라!

빛의 일꾼들을 위한 마인드 리셋

그래서 살 방도를 찾아라? 그렇게 공포심을 부추겨 인간들 괴롭히지 마라. ··ㅉㅉㅉ 입금 순, ··책값 30만 원, ··ㅋㅋㅋ 돈장사 수단이구먼. 2024년 1월 28일 대천사가 나에게는 그런 말 한 적 없다고 하던데···.

▶ 넌 7년간 풍년이다가 7년간 흉년일 때 이집트의 총리였던 요셉이 어떻게 했는지 《성경》 속 이야기도 알지 못하느냐! 백성들이 살려달라고 아우성칠 때 요셉이 어떻게 했느냐! 안 그래도 힘든 백성들에게 돈과 토지 등을 받고 나서야 귀한 양식을 내주지 않았느냐! 자신의 형제들에게 그렇게 해야 했던 요셉의 행위, 그것이 그의 사명이었다!

양식은 육신을 보존케 하는 영양물이지만 지혜, 깨달음, 말씀은 창조주 하느님께서 자녀들에게 주시는 영혼의 양식이니라!

넌 창조주 하느님을 모독했다. 《성경》에 보면 예수께서
다른 죄는 모두 용서받을 수 있지만 창조주 하느님을 모
독한 죄는 영원히 용서받지 못한다고 했다!
네 말은 천계에 모두 기록되었으니, 내가 그 증인이라!
곧 있을 지구 극이동 때 네 영혼은 무로 흩어지리라!

⏮ ▶ ⏭ 🔊 ⚙ ⬜

실례합니다. 듣자 하니까 비위가 상해서요. 외계문명 시리즈(대원 출판사) 외에 이미 많은 채널이 같은 메시지를 전하고 있잖아요. 그런데 왜 새삼스럽게 재림예수가 되시려 하는 건가요?

그대는 지금 공개적으로 나를 모욕한다는 걸 알고서 이리 적었다! 그 책들의 내용은 창조주 하느님께서 여러 채널을 통해 미리 알려준 것이다! 지금 그 내용들이 그대로 이루어지고 있다!

그대의 말은 창조주 하느님을 모독한 말이다! 다른 죄는 용서받을 수 있지만, 창조주 하느님을 모독한 죄는 용서받지 못한다!

너의 말은 천계에 기록되었도다!
내가 하느님의 아들로서 증거하리라!
이 댓글은 지우지 않고 그냥 두겠다!
볼 수 있고 들을 귀가 있는 자는 보고 들어라!

돈 없는 사람은 영적 성장을 못 이루나요?

아둔한 자여, 돈과 영적 성장은 별개니라!

아울러 돈과 성공도 별개니라!

의식이 가난하니 눈앞에 있는 것도 보지 못하고 헤매고
있구나!

깨어나라!

하늘의 심판이라고 생각하기보다는
마치 흔들리는 자동차에 적응하듯
죽을 사람 죽고 살 사람 살고…
그렇게 생각하려고요.
자연의 순리로 보는 게 좋을 듯해요.

그대의 말은 천계에 다 기록되었도다!
사람들을 교란하지 말지니.
내가 증인이다!

그 사실이 확실하다면 뭐라도 거세요~. 나중에 말씀한 일이 일어나지 않을 경우 계획이 연기되었다느니, 뭐 이런 소리 하지 마시고요…. 먼 미래가 아니라 1년 안에… 몇 달 안에… 며칠 안에 일어날 일부터 말씀하셔야 신뢰가 가지요…. 지진, 이런 거는 예전에도 많이 있었고요….

▶ 과거의 예언들은 틀리지 않았으니, 그 때가 이 시대에 이른 것일 뿐!

창조주 하느님의 일, 성서에 기록된 일이 일어나는 것이니 깨어 있어라!

생각, 말, 행동 다 조심하라!

'신성'이 무엇인지요? 모든 인간 안에 신성이 있다는 것인지요? 단지 종교나 물질에 예속되어 살아가기 때문에 본인 속에 신성이 있다는 걸 깨닫지 못하는 것인지요? 아니면 신성이 영적 성장, 의식 성장을 이룬 이들만 얻는 그런 것인지요?

🔘 인성 = 인간의 성품.

신성 = 신의 성품, 거룩하고 성스러운 신의 본성, 본질.

더 늦기 전에 본인에게 내재되어 있는 신성을 깨우세요!

아무 준비도 안 되어 있는데 갑자기 지진 해일 화산폭발 등을 동시다발로 겪게 된다니, 그것도 몇 년 안에 일어난다고 하시니 겁만 나고 아무 의욕도 없고 불안하고 초조한 마음만 들곤 해요. 어떻게든 열심히 일상생활하려고 해도 지구 멸망이란 명제가 온통 머릿속에 박혀 잠도 설치게 되고요. 마음과 의식이 이렇듯 불안정한데 뭘 할 수 있을는지…. 이런 불안정을 바로잡는 방법이라도 있나요?

천계에 가시기로 되어 있는 도사님이 부러울 뿐이에요. 저는 도사님의 열변 내용을 믿으면서도 불안한 마음이 가시지 않네요.

3차원적 사고만 수십 년 해왔던 사람들이 어찌 5차원 세계에 무임승차해 갈 수 있을까요? 3차원인 지구 사람들 거의 전부 그날 영혼의 블랙홀에 빨려 들어가 흩어져 버릴 것 같네요. 먼저 3차원적으로 사고하는 지구인들이 알아들을 수 있도록 가장 쉽게 의식 상승을 이룰 수 있는 방법을 제시해주시면 안 될까요? 3차적 세계에 살면서 5차적 의식 상승이라니, 가능하기나 할까요? 다 죽게 생겼잖아요!

▶ 해야 할 일도 하지 않는 사람들은 사탄의 교란에 빠진 자들이다. 이들은 지구 극이동 때 거의 다 죽을 것이나 의식 성장이 된 사람들은 차원 상승을 이룰 것이다. 의식 성장에 힘쓰길!

블랙홀로 영혼까지 빨려 들어가 흩어지고 윤회를 통한 갱생도 없다면 사후세계도 없어지겠는데요. 도사님! 영성 신성 의식 성장 수업을 유튜브에 바로 공개해주시면 사람들이 더 많이 보고 깨달을 텐데요. 아니면 책으로 출간하는 게 차라리 더 낫지 않을까요? 굳이 〈한책협〉에 가입하고 입금하고 할 필요 없어요. 정말 시간도 없을뿐더러 돈이 달려 수업 참관하고 싶어도 못 하는 사람들이 더 많다고 보는데요. 염치없고 불손하게 들릴지도 모르겠지만, 지구 멸망이 눈앞에 있는 만큼 시간이 촉박하잖아요. 카페에 등록하신 소수도 중요하지만 인류와 널리 빠르게 정보를 공유하려면 유튜브 방송이 답이 아닐까, 싶습니다.

의식이 화폐라고 하셨지요? 누가 자신의 영혼이 블랙

홀에 빨려 들어가 흩어지길 바랄까요? 가족들과 헤어지는 슬픔도 크지만, 혼자 덩그러니 5차원 세계로 간들 행복할까요? 유리엘 대천사님께 공개적으로 유튜브 수업을 진행하시면 어떨지 여쭤봐 주세요. 시간이 별로 없군요. 이 지구에서 살 기간도….

▶ 온갖 시련과 고난 속에서 깨닫게 된 남의 지혜, 깨달음, 노력을 그저 쉽게 얻으려고만 하지 마라! 인류를 걱정하는 게 아니라 본인을 염려하고 걱정하는구나!

간사한 자는 2천 년 전 예수께서 저주를 퍼부으셨던 독사의 자식들…, 바리새인들과 같다!

108

김도사님의 몇몇 사진 게시글을 봤어요. 그런데 일반인의 눈으로는 실체를 확인할 수 없는 사진 한 장의 텍스트를 가지고 도사님의 말씀을 이해하라고 하시더라고요. 그건 땅바닥에 낫 놓고 ㄱ자라고 알려줘도 도사님의 맞은편과 양옆에 있는 자들에겐 ㄴ자와 ┌자와 ┘자로 보일 거예요. 이것을 도사님의 제자들에게 강제주입하면 그들도 '가'를 '┘ㅏ' 'ㄴㅏ', '┌ㅏ'로 쓰게 되지 않겠어요? 이는 참된 교육이라 할 수 없을 듯합니다.

그리기 기능으로 윈도 그림판이나 스마트폰의 사진 위에 말씀을 표기해주십사 하는 건 무리한 부탁이나 복잡한 과정을 요구하는 것이 아님도 알 것입니다. 보이지 않는 실체를 사진 안에 직접 표기해주셔야 메시지를 이해시키거나 설득할 수 있을뿐더러 허상이 아님을 입증할 수 있을 듯합니다.

메시지를 전달하겠다는 의지와 사명을 다하겠다는 신념 아래 이런 글을 올리시기보다는 사실임을 증명하는 것이 전파력에 더 힘을 실어줄 것으로 봅니다.

▶ 이미 많은 이들을 보면서, 들으면서, 느꼈다! 보여줘도 보지 않으려 하고, 알려줘도 받아들이지 않으려 하고, 느끼게 해줘도 느끼려 하지 않는 자는 내버려 두는 게 합당하다! 2천 년 전 예수께서 굳이 힘들게 비유를 들어 복음을 전파한 이유도 좋은 소식이 개돼지에게 가닿지 않도록 하기 위해서였다! 알겠느냐?

그들은 깨어나고자 하는 의지가 없는 자들이다. 어둠의 세력에게 조력하게 될 이런 자들의 영혼은 지구 끝날 무로 흩어질 것이다! 그들의 96.5%가 그렇게 지구에서 사라질 것이다. 그리고 3.5% 정도만이 새로운 지구 시대를 맞이하게 될 것이다.

참고로, 남들 걱정하지 말고 본인 걱정부터 하여라! 의식을 깨우지도, 신성을 회복하지도 못해 그대가 이런 댓글을 쓰고 있음이니. 지나친 인류애는 그대 자신과 가정을 망치느니라!

김도사님, 김도사님에겐 수억 원에 달하는 고가 차 여러 대와 수백억 원에 달하는 부동산이 있지 않나요? 지구 멸망이 코앞인데 그걸 돈이 없어 치료받지 못하는 사람들과 의식주가 막막한 청소년들 같은 이들에게 쓰시는 건 어떠할는지요? 지구 멸망이 얼마 안 남았으니 쓰고 싶어도 못 쓰게 될 테니까요.

김도사님, 영화 〈쉰들러 리스트〉를 보셨나요? 그 영화에서 주인공 쉰들러는 죽음을 코앞에 둔 수용소의 유대인들을 한 사람이라도 더 살리기 위해 자신의 전 재산을 쓰잖아요. 김도사님에게도 그리할 수 있는 진정한 용기가 있으신지요? 김도사님께서 죽을 때까지 자신의 재산에 연연하실 거라면 제 글을 삭제하세요. 독사의 자식새끼라는 등 온갖 악담과 저주로 일관하시지 말고요.

어리석고 아둔한 자여, 자본주의 사회에선 누구든 꿈을 이루고 부를 쌓지 않는가? 이런 곳에서 그대는 뭐 하고 살았는가? 내 재산은 그저 형성된 것이 아니다! 그대도 나처럼 작가가 되기 위해 4년 동안 500번 이상 출판사로부터 원고를 거절당하고, 300권의 책을 쓰고, 1,200명의 작가를 양성해보아라! 그럴 자신도, 그리할 생각도 없겠지? 만약 조금이라도 자신의 꿈을 이루려 노력하며 살았다면 그따위 말은 못 할 테니까!

내가 지금껏 살아오며 얼마나 많은 시련과 고난을 겪어야 했는지, 아무 관심도 없지? 내가 그동안 얼마나 많은 이들에게 물심양면 베풀며 살았는지도…. 내가 말하노라! 내 재산은 지난해 11월 24일, 아버지 창조주께 모두 드렸다! 내 재산, 심지어 내 생각과 말과 행동, 목숨, 영혼까지 그분을 위해 쓰일 것이다! 나는 창조주 하느님으로부터 그분의 뜻을 받들어 행하라는 사명을 받고 이 땅에 육화한 존재다! 단언컨대 그대는 믿지 않으려 할 테지만.

이제 내가 독사의 후손 같은 그대에게 묻겠다! 답해보아라! 그대가 내게 하는 말들을 그대가 신뢰하고 따르고 추종하는 교회 목사에게 말해보아라! 그리고 내게 전 재산을 기부하라는 둥 하면서 그대는 왜 그리 실천하지 않는가? 그대의 생각을 가장 먼저 아는 자는 그대 자신이다. 그러니 자신이 먼저 실천하고 나서 내게 그런 말을 하는 게 합당하지 않느냐? 진실로 진실로 성령께서 말씀하시니 귀를 쫑긋 세우고 들어라!

진실로 진실로 그대에게 말하노니 그대의 머리는 간악한 이리를 닮았고, 그대의 혀는 독사의 것을 닮았으며, 그대의 손발은 일하지 않아 굶주리는 자의 그것을 닮았도다! 무엇보다 알아야 할 중요한 건 이것이다! 인간이 의식을 깨우려 하지 않는 건, 신성을 회복하려 하지 않는 건, 큰 죄악이다. 그런 인간들은 곧 올 그날 영혼의 블랙홀로 빨려 들어가 무로 흩어질 것이다! 그런데 그대는 그동안 말로써 글로써 수많은 이들을 아프게 하고 해했구나! 창조주 하느님께선 자신을 닮은 자녀를 만드셨는데 어찌 그대는 못된 짐승이 되었느냐? 표독스러운 독사가 되었느냐?

오, 어리석은 자여, 내 말이 그대에게 비난이나 저주처럼 들리는 것은 그대의 마음이 악으로 가득 차 있기 때문이다! 사랑, 인류애는커녕 자신의 감정마저 조화롭지 못하기 때문이다! 이런 자는 하늘나라에 합당하지 않다! 살아 있으나 죽은 영혼이여, 그대의 이름은 천계에서 찾지 못할 터! 그대는 며칠 내로 나를 보게 될 것이다. 나를 알게 될 것이다. 나를 느끼게 될 것이다. 하지만 나는 그대를 알지 못하노라! 나는 독사의 자식과는 한마디도 더 나누기 싫도다! 잘 가거라, 어리석은 자여!

110

96.5%의 인류의 영혼이 윤회 없이 블랙홀로 빨려 들어가 무로 흩어진다는 건 모두가 사라진다는 뜻인데요. 그렇다면 굳이 이렇게 도사님께서 고군분투하실 이유가 있을까요? 어둠 속에서 헤매는 사람을 한 명이라도 더 구제하려 그러신다고 한 듯한데요. 지구상의 인류는 여전히 그리 행복해 보이질 않네요.

저 역시 요즘 도사님 채널을 보면서 차원 상승을 위해 의식을 깨우려 용기 반, 좌절 반 애써보지만 혼란스럽기만 하고 집중이 잘 안 되네요. 인류가 지구 리셋의 의미를 안다면 어떻게 이렇게 안심하며 지낼 수 있을까요? 초탈한 경지에 다다른 사람들에게나 가능한 일일 듯한데요.

저 역시 도사님 말씀대로 이제껏 하지 않았던 글쓰기

를 하며 살고는 있습니다. 틈만 나면 하늘을 쳐다보는 게 제 일상이 되었고요. 의식을 깨우려 가족을 설득하는 건 엄두도 못 내고 있는 형편이에요. 그래봤자 미친 사람 취급밖에 받지 않을 테니까요. 소식만 하던 사람이 갑자기 진수성찬을 앞에 두고 탈이 나든 말든 상관없이 먹어야 하는 상황 같아요.

이제껏 지구적 차원에서 생각하며 살던 사람들에게 어찌 차원 상승이 쉽게 느껴지고 체감되겠어요? 저도 지구가 멸망해 리셋 될 거라는, 코앞에 닥친 현실이 꿈인가 생시인가 합니다. 목이 터져라 애쓰시는 도사님도 이해가 가고요. 이에 대한 반문 댓글 다시는 분들도 이해하는 입장이고요. 살고 싶고 불안감이 엄습해오는데 가만있을 사람이 있을까요?

▶ 그대의 말이 맞도다! 그동안 창조주 하느님께선 인류에게 수많은 윤회의 기회를 제공했음에도 의식이 깨어나지도, 신성이 회복되지도 않았다. 그래서 이번 지구 극이동 때 신성이 회복되지 않은 자들을 새롭게 창조하기로 했다. 창조는 단순히 무에서 유를 만드는 게 아닌, 더하

고 빼고 소멸시키는 것까지 포함한다. 인류의 영혼 대부분은 블랙홀로 빨려 들어가 흩어지고 들려진 자들의 영의 거름이 될 것이다!

온 힘을 다해 의식을 깨우고 신성을 회복해라! 알려고 애써 노력하고, 깨달음을 얻으려 스스로 힘을 북돋우라!

지구 멸망의 그날, 그대의 믿음대로 될 것이다!

지구 멸망을 10년 앞둔, 급하디급한 상황이라면서요? 그러면 카페 광고 대신 어떻게 하면 의식을 깨울 수 있는지, 어떻게 살아야 하는지 구체적으로 얘기해주셔야 하잖아요? 본인이 재림예수라면서요? 은하연합이 왜 당신 주위에만 있는 건가요? 창조주 하느님의 메시지를 받았다고도 하는데, 제가 보니 여러 책 내용을 뒤섞어 쓴 듯한 부분이 많아요. 혹시 맞는다고 해도 신의 메시지 분석을 본인의 카페에만 공개하는 건 재림예수의 행태로는 어울리지 않는 것 같아요. 지구 멸망을 앞두고 있는 시기에 책을 30만 원에 판다고요? 예수를 믿은 적은 없지만, 그분을 존경하는 한 사람으로서 말합니다. 예수를 모욕하지 마세요!

내가 누군지 아는 그대가 찜찜한 기분으로 댓글을 달았다는 걸 알고 있다! 그럼에도 불구하고 그대의 이름은 천계에서 삭제되었고 더는 명단에서 찾을 수 없다! 그 구체적 이유를 알아보니 그동안 수많은 이들에게 말과 글로써 상처를 주었고, 해선 안 될 짓을 참 많이 했으며, 더 중요한 건 깨어날 생각이 없는 자라는 것이었다!

그대의 말엔 일리가 있기도 하다! 그러나 이렇게 한번 이렇게 생각해보아라! 그대가 지금 알고 있는 곧 일어날 극이동, 지구 멸망 이야기를 그대의 가족들에게 들려주면 과연 몇 명이나 그대를 믿고 따라줄까? 유튜브든 공중파 방송이든 매한가지다. 들을 귀가 있는 자는 이미 들었도다! 그리고 알고 있도다! 지금 많은 이들이 깨어나고 있다. 하지만 더 많은 이들이 깨어나지 않고 있을 뿐더러 깨어날 생각조차 하지 않는다.

참고로, 그대는 은근히 나를 조롱하고 모욕하는구나! 지금은 나에게 그리하지만 불과 며칠 후면 그대는 지금 나에게 한 행동을 후회하게 될 것이다! 그냥 믿으면 되는 것이다! 천계의 방식은 인간의 사고로는 이해 불가이니까!

그대의 댓글은 삭제하지 않으마! 그대와 같은 DNA를 가진 이들이 그대의 댓글을 보고 그들의 뱀의 혀와 독을 드러내기를 바라기 때문이다. 그날 그대는 그런 그들과 함께하게 될 것이다! 무로 흩어져 사라질 것이다! 다만 생각과 말과 글을 조심하지 않으면 지구 멸망 전에라도 소멸 천사가 그대를 데려갈 것이다! 내가 그렇게 해달라고 천계에 요청했으니까.

교회니 절이니 다녀봤지만 그다지 와닿지 않았습니다. 대순진리회에 마음이 쏠려 다녀보기도 했습니다. 대순진리회 훈회수칙이 내 생각과 너무 잘 맞아떨어졌거든요. 아쉽게 거기에서도 모순을 발견해서 나오게 되었지만요. 그렇게 20대를 보내다가 30대에 다시 대순진리회를 찾게 되었지요. 그때 올바른 수도 방법을 찾았고요. 한동안 그곳에서 터 잡고 공부하다 지금은 혼자서 영성을 공부하고, 명상하고, 빛생TV 등을 보며 영적 관련 정보들을 챙기고 있습니다.

의식을 깨우고 신성을 회복하는 일은 그 누구도 대신해 줄 수 없다! 쉽고 빠른 길을 택하려고 종교 시설에도 가 보지만 가스라이팅 당하는 이들이 대부분이다. 기억해라! 종교지도자들은 어둠의 세력에게 동조하는 자들일 뿐 보지 못하고 깨어나지 못한 자들이 적지 않다.

온 힘을 기울여 깨어나려 힘써라! 그러면 그렇게 될 것
이다!

저, 김도사님! 아무래도 지구 멸망이나 전생 이야기는 책에만 담는 게 좋을 것 같은데요. 관련 영상들을 많이 올리시는데 구독자를 세어 보면 파리 날리는 수준이니 말이에요. 이런 것 말고 인생 명언, 생활 지혜 같은 팁을 올리는 게 더 좋으실 것 같은데요.

그대여, 나는 지난해 11월 24일부터 물욕, 명예욕을 버렸노라!

나는 그저 천계로부터 받은 사명을 이행하고 있을 뿐이니 조회수는 걱정하지 않아도 된다.

참고로 하나 알려주마! 몇 년 후 지구엔 극이동이 일어나고 그 후 대재앙이 도래할 것이다. 그리고 그때 수많은 이들이 죽을 것이다.

빛의 일꾼들을 위한 마인드 리셋

살아남은 자들이 10년 가까이 세계 단일정부로부터 온 갖 고통을 받고 나면 지구는 완전히 멸망하게 된다. 그러고 나서 태초의 상태로 회귀하게 되느니라!

하나 더 알려주마!
머지않아 유튜브와 SNS는 차단될 것이다! 꼭 기억하거라!
지금 깨어나지 않으면 지옥보다 더한 고통을 당하리라!

그러면 《성경》 속 이야기들은 거짓인가요?

천국은 없는가요?

▶ 《성경》은 일부 왜곡되어 우상화된 책이다.

진짜 성경인 《탈무드》 임마누엘 편을 보면 외계문명, UFO 등이 언급되어 있다.

하지만 《성경》 속 이야기가 진실임은 변함이 없는 사실이다!

성령을~~ 입니다.

창조주는 엘로힘으로서 여럿 있을 수 있습니다.

즉, 창조에 동참한 천사들을 엘로힘이라고 말할 수 있지요.

나는 엘로힘 여호와 하느님의 아들 예수그리스도를 나의 주님으로 믿습니다. 그런 믿음 속에서 김도사에게 예수님의 말씀을 오독하고 오용할뿐더러 악한 영의 메시지를 전하는 가라지 자식의 행태를 멈출 것을 요청합니다.

《성경》 말씀을 본인이 원하는 대로 짜깁기하는 것, 그것이 성령훼방죄입니다.

《성경》 말씀은 성령의 힘을 받아 쓰인 것으로서

말씀이 곧 성령님 인도하심의 본질입니다.

김태광의 《성경》 모독은 성령훼방죄로서 창조주 하느님께서 곰의 발톱에 아이들이 찢기듯 당신의 죄를 벌하실 것입니다.

🔘 어리석고 간교한 뱀의 혀를 가진 자여, 그대는 내가 진정 누구인지 모르는가?

나는 온 우주를 만드신 창조주 하느님의 아들로서 지구 멸망 전 금성에서 지구로 육화한 자이니라! 내가 찾아보았으나 그대의 이름은 천계에 없노라!

이제 그대 마음대로 살아라! 몇 년 안 남은 지구 멸망, 극이동 그날에 나를 바로 보게 될 것이다.

그전에 그대의 영이 물질계를 떠난다 해도 그날이 이르면 그대의 영은 사후세계로부터 내가 있는 곳으로 소환되어 심판받을 것이다! 그때 그대의 영은 그대 같은 수많은 영과 함께 영혼의 블랙홀로 빨려 들어가 무로 흩어질 것이다! 선택된 자들의 영의 거름이 될 것이다! 창조주 하느님의 이름으로 말하노니 그분의 뜻을 따르는 천사들이 나의 말을 그대로 시행할 것이다.

이 댓글은 삭제하지 않고 그냥 두겠다! 그 이유를 알려주마! 부주의적 맹시에 빠진 그대와 같은 영의 DNA를 가진 소유자들을 하나로 뭉쳐 그날 한 번에 청소하기 위함이다!

깨어 있음의 기준은 무엇입니까?

예수님을 믿고 안 믿고가 기준입니까?

그렇다면 다른 종교인들은 영적 깨어남과 관련이 없
나요? 무척 궁금합니다.

참으로 게으른 자여, 궁금한 것이 있으면 스스로 찾고
공부해서 풀어라!

그대는 이번 생에도 그토록 벗어나고 싶어 하던 전생을
살고 있구나!

하나 충고하마! 궁금증? 그런 가벼움으로 그대가 찾고
자 하는 것을, 얻고자 하는 것을 가질 수 있겠느냐?

2천 년 전이나 지금이나 다들 절박함, 간절함이 없구나!

이해하기 위해 몇 번이고 영상을 돌려봤습니다. 어느 영상을 보니 지구를 관장하시는 가이아 여신님께서 태초에 고래와 인간을 지구의 보호자로 삼으셨다고 하더군요. 요즘 들어 우리 모두 그런 사명을 잊은 채 지구 위에 카르마를 쌓아왔고, 그 무게를 가이아 여신님이 감당하고 계시다는 생각이 들었습니다. 김도사님이 받으신 메시지 중 '그냥 놔두거라'라는 가이아 여신님의 말씀을 처음에는 그냥 지나쳤었습니다. 그러다 그 말씀을 곱씹어보면서 마치 부모님이 자신의 아이가 잘못했을 때 처음엔 회초리를 들다가 더는 갱생의 가능성이 없으면 포기하고 그냥 내버려두는 것과 같다는 느낌을 받았습니다. '그냥 놔두거라'라는 가이아 여신님의 말씀에서 정말 지구의 끝이 다가왔다는 느낌을 받은 것입니다.

▶ 진실로 말하노니,

 이 시대는 막을 내리고 새 시대가 열릴 것이다!

그때 건져질 자와 버릴 자가 명확하게 구분 지어질 것
이다.

깨어 있어라!

축복하노라!

보고 듣는 자들만 확인할 수 있나 보네요.

분명 네다섯 번째 사진에

우주선 모선 모양이 나타나 있는데

안 보이시나 봐요.ㅜㅜ

타원형 원반 모양으로 된

우주선 말입니다.

믿을지 모르겠으나 이 사진에서는 하늘에 떠 있는, 100 대가 넘는 UFO들을 볼 수 있다! 그리고 그것들에서 나오는 빛이 일제히 아래로 쏟아져 내리고 있다. 그런 UFO들이 매일 내가 사는 아파트 앞 하늘에 떠 있노라! 곧 올 그날을 위해 비행 중이니… 영적 성장에 힘써라!!

볼 줄 아는 눈이 있는 그대를 축복하노라!!

큰일 날 소리 함부로 하시네. ㅋㅋㅋㅋ 사람 그렇게 안 봤는데…. 그런 식으로 특정 영역의 사람들을 저급한 치들로 만들어버리시다니. 당신, 진짜인 줄 알았는데 역시 가짜네요.

만약 진짜면서 당신과 같은 직업을 가진 사람이 있다면?

실제로 그런 사람이 있을 텐데요.

어리석은 자여, 내가 하는 말은 내 말이 아니로다! 창조주 하느님께서 유리엘 대천사를 통해 아들인 내게 전해주신 메시지 내용이다! 저급 천사는 저급한 영일뿐 진짜 가짜를 따질 수 없노라! 회개하지 않으면 그날 그들의 영혼 또한 흩어져 사라질 것이다!

빛의 일꾼들을 위한 마인드 리셋

우월의식, 통제 욕망이 강하면 이런 일이 생깁니다. 대천사를 통해 듣는 말을 전혀 의심하지 않는 것 말이에요. 재림예수라면서 왜 반말, 공격성, 저주가 서린 댓글을 쓰는 겁니까? 2천 년 전 복음을 전하실 때 예수님은 존댓말을 쓰셨어요. 한국어 번역판 《성경》에는 반말로 쓰여 있지만요.

그대여, 그대는 열 가지 가운데 하나만 알고 아홉 가지는 모르는구나! 내 말은 인간적인 사심이나 욕망에서 나온 말이 아니다! 만약 그렇다면 내가 이런 내용의 영상을 올릴 수 있겠느냐?

아둔한 자여, 그대 같으면 누군가가 수억 원을 주겠다며 내 주장과 같은 글과 영상을 올려 달라고 할 경우 그 제안을 받아들일 수 있겠느냐? 부모, 형제, 친지들, 친구들, 직장 동료들의 눈치가 보여 그럴 수 있겠느냐?

나는 내게 주어진 사명을 받드는 것일 뿐이다. 그리고 이 사명은 창조주 하느님에게서 왔노라!

아둔한 자여, 내 말이 깨어 있는 자에게는 인간적 죽음과 고통을 넘어서는 복음으로 들릴 테고 그대처럼 죄 많고 깨어 있지 않은 자에게는 저주처럼 들릴 것이라! 각자의 마음 안에는 양심이라는 판관이 있기 때문이다. 그래서 굳이 죽음의 천사가 찾아오지 않더라도 스스로 그 때를 아는 것이다! 반말한다고 했느냐?

그대는 내 말이 진정 내가 하는 말이라고 생각하는가? 분명히 말하건대 이제라도 의식을 깨워라! 그러지 않으면 장차 올 그날, 소멸 천사가 그대를 데리러 올 테니….

⏮ ▶ ⏭ 🔊   ⚙ ☐

여기다 안 좋은 댓글 달면 저주 내리는 답글 달던데 ㅋ
ㅋ 코미디가 따로 없네요.

🔘 어리석은 자여, 그대는 끌어당김의 법칙을 실천하고 있
구나! 나와 창조주 하느님을 모욕하기 위해 의도적으로
이런 글을 남겼구나!

내가 짧게 말하겠다! 이미 그대의 뜻은 이루어졌노라!
마냥 웃기는 것만이 코미디는 아니다! 때론 사람을 우울
하고, 불안하고, 두렵게 만드는 코미디도 있나니! 그대
는 그 코미디의 주인공이 되었도다! 기억하거라! 그대의
뜻은 이루어졌도다!

그럼 어린아이들은 어떻게 되나요? 어린아이들의 영혼은 아직 순수하니 모두 구원받나요? 끌어 올려지려면 그 순간 우리는 야외 공간에 있어야 하나요?

어리석은 자여, 더는 어린아이들을 세뇌하지도 어둠 속으로 내몰지도 마라!

그대 하나로 족하나니!

지구 극이동이 언제 일어나느냐에 따라 지금 아이들의 운명이 갈릴 것이다!

어린아이들은 들려질 것이고 더 큰 아이들은 신성 회복의 여부로 땅의 아이인지 하늘의 아이인지가 판가름 날 것이다!

깨어 있어라!

빛의 일꾼들을 위한 마인드 리셋

성서에 예언된 휴거,

예수님의 공중 지상 재림,

그사이에 일어날 환란.

천년왕국 이론과 비슷한 내용이군요.

몇 천 년 전부터 예언되어 온 거지요.

김도사님의 주장만은 아닌 것 같군요.

누구의 메시지냐보다는 인류가 영적 성장을 이루느냐

의 여부가 더 중요하겠지요.

이것 말고는 도사님의 주장에 거의 동의합니다.

의식 성장에 에너지를 쏟아야 한다는 것은

정말 맞는 말씀입니다.

▶ 나는 2천 년 전뿐만 아니라 지금도 외치고 있도다! 종교가 답이 될 수 없다고. 종교는 사람들에게 복음에 대한 지식과 가르침을 줄 수 있을 뿐이라고. 오염된 종교는 그마저도 제 역할을 하고 있지 못하지만. 종교 지도자들 역시 깨어 있지 못하다 보니 보지 못하고 그들을 따르는 자들 역시 보지 못하는 형국이다. 보지 못하는 자가 보지 못하는 자를 구렁텅이로 데려가는 꼴이다.

그대의 영혼 안에 깃들어 있는 신성이 길이요, 진리요, 생명이다! 영혼을 등불 삼아 밝은 곳을 향해 나아가라! 항상 깨어 있어라! 곧 그날이 오리니….

⏮ ▶ ⏭ 🔊 ⚙ ☐

저도 아래 분의 말씀에 공감하면서 씁니다.

인류가 거의 모두 사라지리라는 두려움에

나는 살아남아 차원 상승해야 한다는 압박감에

온갖 예언들, 종교들을 찾아보는 등

채널링을 거듭하다가

올바른 채널 찾고 나서야 안정되었습니다.

두려움도 사라졌고, 조용히 명상에 들었지요.

그 채널에서는 미래가 어떨지 알려주면서도 희망, 사랑, 협력을 이야기하던데

김도사님은 자꾸 두려움만 주시고

그걸 이용해 자기 이익을 챙기려고만 하십니다.

솔직히 저도 김도사님께 잠깐 빠져 카페에도 가입하고, 수업도 들었습니다.

그런데 이상하게도 도사님 말씀은 들으면 들을수록

마음의 안정은커녕 두려움만 커지더라고요.

김도사님, 무당들이 가난한 이유가 분명 두려움을 이용해 돈을 벌려고 해서 그렇다고 하셨지요?

도사님이 지금 딱! 그 행동 하고 있으십니다.

영적 깨달음을 얻고 난 후 저는 어떻게든 기부하고 싶어지던데….

혹시 수업비를 기부하는 데 사용하시는지요?

올바르게 채널링하면 훨씬 더 고급한 지식을 많이 접하게 됩니다.

GESARA NESARA 등이 어떤 무리가 악의 무리인지도 알려주고요.

김도사님 영상을 보고

두려움에 떨거나 선동당한 영혼들을

구제하고자 하는 것이지

악의적으로 비난하려는 게 아님을 밝힙니다.

부디 두려워하지 마시고 올바른 대천사들 채널링 사이트에 들어가보세요.

EraOflight 추천합니다. 해석이 좀 어렵긴 해도 내용을 번역해놓은 블로그도 있으니까요.

김도사님, 자꾸 다른 사람들 비난 마시고 올바른 지식 전달에 힘써주세요.

지금 도사님 말씀보다 훨씬 더 많은 일이 일어나고 있습니다.

▶ 어리석은 자여, 잘 들어라! 나는 또 다른 차원의 나였던 2천 년 전 예수가 지구별에 와서 미처 끝마치지 못한 그 일을 완수하기 위해 왔다. 창조주 하느님의 뜻에 따라 여러 신과 가이아 여신께서 합일해 나를 이 땅에 육화시킨 이유노라! 내가 지구 극이동 전인 2024년, 2025년에 나타난다고 예언된 재림예수니라! 이는 유리엘 대천사와 가브리엘 천사장, 가이아 여신께서 나에게 거듭 알려주신 사실이다. 은하연합 은하함대의 수많은 우주선이 나와 내 집을 지키며 보호하고 있는 게 보이지 않느냐? 나는 그대가 믿든 안 믿든 관심도 없고 그대를 설득할 생각도 없노라! 들을 귀가 있는 자는 들을 것이고, 볼 수 있는 자는 나를 볼 것이다!

그대는 내가 자꾸 두려움만 주려 한다고 했느냐? 내가 주는 두려움은 천계에서 2단계를 제대로 이수하지 못하고 급히 환생한 저급 영, 저급 천사, 종교 지도자, 무속인, 영매의 그것과는 다르다. 두려움을 조장해 사람들로부터 돈을 갈취하는 그들과는 다르다는 말이다. 내가 사람들에게 두려움을 안겨주는 것은 그들의 마음 안에 빛의 씨앗이 심겨 있다는 것, 즉 신성이 들어 있다는 것을 깨우쳐주기 위함이다. 에고를 부수고 신성이 자기 안에 있음을 알아차리게 하려는 것이다. 그러나 마음이 완고하고 패악한 이 땅 사람들 대부분은 그 점을 깨닫지 못하는구나!

그대는 나에게 영적 깨달음을 얻고 나면 가진 걸 다 기부해야 하는 게 아니냐고 묻고 있구나! 먼저 그 질문을 그대가 믿고 따르는 그 사람과 교회에 가서 해보라! 내가 그대에게 말하노니 그대는 진실로 겉으로 드러난 것만을 보고 판단하는구나! 성서에 보면 요셉은 여호와의 뜻으로 우여곡절 끝에 서른 살, 젊은 나이에 이집트 총리가 되었다고 적혀 있다! 그는 이집트에 7년 풍년이 온 후 7년 흉년이 들 걸 미리 알았다! 그런데 흉년이 들었을 때 그가 백성들에게 한 행동을 한번 눈여겨보라! 그는 수많은 백성이 굶주리고, 굶어 죽는 것을 지켜보았다! 백성들이 그를 찾아와 곡식을 내어달라고 간청 또 간청하는 현장도 목격해야 했다! 그래도 그는 곡식을 원하는 자에게 조금도 그냥 내주지 않았다. 대신 돈이든 토지 문서든, 집문서든 가지고 올 걸 요구했다! 그 결과는 어떻게 되었느냐? 어리석은 그대가 잘 알듯이 이집트 백성들은 그 긴 흉년을 잘 이겨낼 수 있었다! 그대는 그렇게 행동한 요셉을 사악하다, 재물 욕심이 가득한 못된 자라 일갈하겠느냐? 요셉인들 흉년에 굶주리고 굶어 죽어가는 백성들을 보면서 마음이 아프지 않았겠느냐? 그럼에도 불구하고 그는 이집트의 수많은 하느님 백성을 살리기 위해 계획된 시나리오 속 역할과 사명을 충실히 감당할 구원자의 모습에서 한 치도 어긋나지 않게 행동한 것이다. 창조주 하느님께서 내게 맡긴 일이 바로 그런 일이라면 이해되겠느냐? 나는 창조주 하느님께서 내게 주신 역할과 사명을 혼신을 다 바쳐 수행하고 있을 뿐이로다!

나는 지금껏 300권의 책을 썼고 1,200명의 제자가 빠르게 책을 쓸 수 있게 도와주었다. 그들 가운데 많은 이들이 경제적 자유인이 되었을뿐더러 종교라는 굴레를 벗어던지게 되었다! 그리고 그대는 내가 세상에 물질적 기부를 한 적이 없다고 생각하는가? 나는 그대가 따르는 스승보다 더 많은 것들을 기부하고 사람들을 도왔노라! 여기에는 돈은 물론 나의 지식과 지혜, 깨달음, 진심… 등 모든 게 포함되노라! 그러지 않았다면 난 지금 창조주 하느님의 아들, 재림예수가 될 수 없었을 테고, 여전히 깨어나지 못한 채 살아가고 있을 것이다! 오, 그대가 작정한 듯이 불특정 다수가 다 보는 곳에 이렇게 댓글을 달 정도면 그대는 오해를 넘어 나에게 악한 마음을 품고 있는 것 같구나! 그대의 글은 천계에, 그대 온몸의 세포에 기록되었도다! 나와 수많은 천사가 그것을 증거할 것이다! 그대는 나에 대해 마음이 불편한가? 그 이유는 나에 대한 그대의 반응 때문이다! 그대 안의 악한 마음이 나를 거부하는 것이다! 어둠은 결단코 나를 받아들일 수 없다!

진실로 진실로 재림예수로서 내가 말하노라! 그대는 그대를 편안케 해주는 그 채널을 계속 열심히 보아라! 그리고 채널 속 그를 따르라! 대신 몇 년 안에 벌어질 지구 극이동 때 그대는 나를 보게 될 것이다! 그전에 내가 누구인지, 설마… 했던 그 사람이 나, 재림예수임을 알고 몹시 괴로울 것이다!

나는 지금껏 이렇게 장문의 리댓글을 달아본 적이 없다! 그대의 글 속에 악한 마음이 담겨 있는 것을 보았고, 그 마음이 사람들을 교란할 수 있어서 이리하는 것이다! 나를 비난하는 자는 내 창조주 하느님의 뜻을 훼손하고 비난하는 것이다!

그대는 곧 올 그날 하늘로 들려지지 않을 것이다! 나는 그것을 아노라! 그대는 나의 사명을 가로막으려는 사탄과 같은 자로다! 지금껏 그대에게 일어난 그 어떤 일보다도 큰 재앙은 그대가 내게 품은 악한 마음이, 그대가 내게 하는 악한 말이, 그대가 내게 한 악한 행동이 다른 이들에게 닿았고, 그로 인해 그대는 곧 올 그날 스스로 정한 위치에 있게 되리라는 것이다! 그대의 영혼은 더는 재생, 갱생 없이 영혼의 블랙홀로 빨려 들어가리라! 하늘로 들려진 자들 영혼의 거름이 되리라!

들을 귀가 있는 자는 들어라! 이 시대에 올 그날이 곧 이르니 깨어 있으라! 그 깨어남이 그대를 살리리라, 영생을 얻게 하리라!

다시 말하지만, 나는 그대를 모르노라! 그대는 마치 내가 타인들을 저주하는 것처럼 댓글을 썼다고 하나 내가 다시 말하지만, 그대는 그대의 생각과 말과 행동을 통해 수많은 사람을 저주해왔고, 오늘도 나와 내 창조주 하느님을 저주했느니라! 하지만 나와 창조주 하느님에게 그대의 저주는 조금도 와닿을 수 없느니라! 그대가 그날 가게 될 곳은 스스로가 잘 알고 있노라!

두려워하지 마라! 내가 지금 내 사명을 감당하듯이 그대도 그대가 쌓은 카르마를 따라 그날 거취가 결정될 것이다! 내 말이 참인지, 거짓인지, 그대는 그날이 오기 전에 이미 스스로 깨달을 것이다. 심히 분노하며 불안을 느끼게 될 것이다! 심지어 나를 찾아오고 싶어질 것이다! 설사 그대가 나를 찾아온다고 하더라도 나와 눈이 마주치는 순간 두려워 떨게 될 것이다! 그대여, 잘 가거라! 그대는 천계에서 이미 삭제되었나니… .

어차피 지구의 종말이 닥치면 돈도 필요 없을 텐데 강의 팔이, 책 팔이는 해서 뭐 하게요? ㅋㅋㅋ 예전 다미선교회 목사도 정해진 종말 날짜 이후 만기 예·적금 상품에 들었더구먼요…. 그것과 뭐가 다름? ㅋㅋㅋ

그대의 말은 지나쳤도다! 선을 넘었도다!

그대는 "어차피 지구의 종말이 닥치면…" 이렇게 말했다. 그러니 그대의 마음엔 이미 지구의 종말이 닥친 셈이다! 내 대답이 바로 그거다! 나는 이 시대에 곧 있을 지구 극이동 전 해야 할 사명을 위해 왔도다! 그런데 그대가 이렇게 나를 모욕하고 나서는구나! 창조주 하느님의 뜻을 훼손하는구나! 그대가 저지른 가장 큰 죄는, 그대 혼자만 알고 있어도 되는 어리석은 생각을 공연히 온라인상에 적시함으로써 그대와 비슷하거나 그대와 같은 사람들을 교란한 것이다.

그대는 천계에선 돈이 통용되지 않는다고 생각하는가? 지구에서는 물질 화폐를 쓰나, 천계에선 의식 화폐가 통용된다. 그대는 창조주 하느님의 뜻을 전하러 온 나를 책 팔이, 강의 팔이로 치부하는구나! 그대의 말은 천사들에 의해 천계에 기록되었다! 그대는 그날 청소되리라! 내가 이렇게 단언하는 이유는 그대의 영혼 깊이 그런 마음이 가득 차 있기 때문이다!

도사님, 한마디 할게요. 요즘 사람들 옛날 같지 않고, 굳이 책을 읽거나 종교활동 하지 않아도 다 압니다. 잡학다식할수록 많이 깨닫고, 영 분별할수록 귀신 잡귀가 많이 붙습니다. 육신이 없다면 우리가 신께 기도할 이유가 있나요? 모두 살기 위한 제스처일 뿐 큰 의미는 없어요. 사람이 죽으면 흙으로 돌아가는 건 초딩도 알아요. 사후세계를 믿으려고 삶을 살아간다는 건 어불성설 아닌가요? 죽음 이후는 아무도 모르는데요. 천계가 있다 해도 인간의 혼령은 바로 못 갑니다. 최소 400년은 우주 공간에 남아 있게 되니까요. 이런 설명 굳이 하는 이유가 무엇일까요?

아둔한 자여, 잡학다식이 무엇을 의미하는지 진정한 깨달음 속에서 이야기하는 것인가? 한 가지 예를 들어보겠다. 두 명의 농부가 있다. 한 농부는 한 가지 작물만 심었고, 다른 농부는 여러 가지 작물을 심었다. 두 농부의 밭 가운데 어느 곳에 짐승들이 몰려들겠느냐? 귀신도 그런 것이다. 쓸데없이 많이 알고, 올바르지 않은 방법으로 기도하고, 명상을 통해 깨달았다고 착각하는 어리석은 자들에게 붙는 것이다! 그대는 오로지 밥을 먹기 위해 일하는가? 그런 자는 평생 가난을 밥 먹듯 하다가 죽을 것이다. 창조주(신) 하느님께 기도하는 진짜 이유는 그분과 합일하기 위해서다!

그대는 아무도 죽음 이후는 모른다고 했다! 과연 그럴까? 이 글을 쓰는 그대의 입술은 그렇게 진술하지만 그대의 마음속엔 죽음 이후에 대한 두려움, 지구 극이동 때 벌어질 일에 대한 두려움이 가득하도다!

내 진정 말하노라! 그대가 그대의 머릿속에, 마음속에 가득 차 있는 잡동사니, 오물을 치우고 정화하지 않는다면 그날 땅에서 하늘을 바라보며 무로 흩어질 것이다! 깨어나라!

진정 유일신이 있다면, 그런 신은 지구 일에 관여하지 않을 것입니다. 지구 일에 관여해 이 나라는 어떻고 저 나라는 어떻고~ 그런 이야기를 하는 건 dog 사운드지 요….

그대는 창조주 하느님의 뜻을 개소리라고 했다. 즉시 천계에 기록되리라!

내가 기록하는 게 아니다! 그대가 말하는 순간 천사들이 즉시 그 말을 인코딩해 천계에 적는다!

예를 들어, 운동 경기를 심판하는 한 심판관이 있다고 하자. 그는 경기가 진행되는 동안 심판관이 심판 외에 다른 걸 하면 절대 안 된다는 걸 잘 안다. 그런데 경기가 진행되는 도중 양쪽 선수들이 이길 욕심에 서로 욕설을 하고 심지어는 폭력을 쓰거나 야유를 퍼붓는 관중들을 폭행하기까지 한다. 나아가 경기장 시설까지 훼손하기에 이른다. 이럴 때는 과연 어떻게 해야 하나? 심판관이 나서서 뜯어말리고 경찰이 출동해야 않겠는가? 지금 지구의 상황이 그렇다.

그대가 일컫는 신은 어떤 신인가? 귀신을 말하는가? 지구 극이동은 여러 신과 가이아 여신의 합일에 따라 일어나는 것이다. 원래는 지구 인구가 50억일 때 일어났어야 하는 일이거늘, 지금껏 보류해왔음에도 개소리라고 하다니, 그대는 악의 자식인가?

그대는 머지않아 올 그날 지금껏 그대가 한 말뿐만 아니라, 말로써 글로써 수많은 사람에게 상처를 준 그 행위로 인해 하늘로 들려지다가도 땅 아래로 곤두박질하게 될 것이다! 거짓 없이 충고하는데, 그날이 오기 전… 미리 소멸 천사를 부르지 않도록 애쓰거라! 그러지 않아도 소멸 천사는 항상 네 목숨을 거두려 네 주변에서 서성이고 있으니까.

도사님!

백두산 폭발에 대해 알고 싶습니다. 유튜브 정보에 의하면 2025년에 백두산이 폭발한다는 지질 학자들의 보고가 있었다고 하는데요. 제가 걱정하는 건 만약 이런 일이 일어나면 핵이 설치되어 있는 북한의 주민들은 어떻게 되나, 남한은 온전하나, 하는 것입니다. 백두산 분화야말로 지구 역사상 크나큰 재난을 불러올 텐데, 핵시설이 파괴되면 도사님 말씀처럼 핵폭발이 따르겠지요. 그러면 한반도 전체가 마비되는 건 시간 문제 아닌가 싶네요. 정말 알고 싶습니다, 진실을! 도사님은 알고 있으시리라 생각되는데요.

물질계에서 일어나는 모든 일은 이미 천계에서 계획하고 예정한 일들이다! 절대 바꿀 수 없다. 그걸 바꾸려면 우주의 판을 모두 갈아엎어야 할 터! 너희들이 할 수 있는 건 오직 곧 있을 지구 극이동 때 땅인지 하늘인지 선택하는 방법뿐이다! 다른 이가 선택해줄 수 있는 문제가 아니다! 그대는 그날 스스로 자기 길을 결정짓게 될 것이다! 깨어 있어라! 죄 짓지 마라! 그날 그대는 나를 보게 될 것이다!

진짜 궁금해서 여쭤보는데요. 꼭 책을 써야 하는 이유
가 뭔가요? 책하고 영적 구원하고 무슨 관련이 있나
요? 출간하신 책들 보면 영성과 관련 없는 분야의 책
도 있던데….

어리석은 자여! 오로지 책을 쓴다는 데만 초점을 맞추지
마라! 책을 쓰는 것이 아니라 그대가 살면서 알게 된 지
식과 다양한 체험을 통해 깨달은 것들, 지혜를 책에 담
는다고 생각해라!

책이라는 그릇에 그러한 것들을 담게 되면 그대는 진정
못나고 부족하게만 여겼던 본인에 대해 좀 더 자세히 알
게 될 것이다!

의식 성장의 기본은 '너 자신을 알라!', 바로 소크라테스

가 한 말 그대로다! 자기 자신을 알지 못한 채 아무리 기도하고 명상하고 고행한들 에고만 커질 뿐이다! 돈과 시간과 마음을 온통 쏟아부어도 사람들에게 의식 변화가 일어나지 않는 이유다!

그대가 말하는 책들은 겉으로는 영적 구원하고 관계가 없어 보일지 모르나, 그 속에는 그 책을 쓴 저자들의 지식과 경험, 깨달음이 들어 있다. 천계에선, 새로 펼쳐질 고차원 세계에선 각자의 지혜와 깨달음이 돈, 화폐가 된다! 지금부터라도 천계에서 쓸 의식 화폐를 저축해라! 나는 그렇게 하도록 훈련받고 지금 그 일을, 사명을 감당하고 있는 자다!

유리엘 대천사님이 진리와 깨우침을 나누어주는 대가를 받으라고 명하셨나요? 완전한 의식 성장을 이루어 지구 행성 감옥을 탈출한 예수와 붓다 같은 영혼들은 종교적인 개념을 내세우지도 않았잖아요. 자신의 제자들에게 물질적인 대가를 바라지도 않았고요. 사적인 물욕을 채우려고 일부 미성숙한 영들이 그 순수한 뜻을 역이용하고 있는 거잖아요. 각각의 종교엔 성전을 자신들의 입맛대로 조금씩 변질시키면서 지금과 같은 종교로 정착시켜온 역사가 있지 않나요? 진리와 깨우침을 아무 대가 없이 나눠준다 해도 어차피 대부분은 3차원적 의식에 머물러있을 텐데요. 그런 자들은 자신들이 직접 겪어보지 않은 이상 눈과 귀를 닫고 있을 테고요. 신성, 영성, 의식 성장 같은 말들은 믿지도 않을 거고요. 결국, 자멸해 강제적으로 이승을 떠

나게 될 텐데요? 진정 영들의 의식을 성장시켜주고 싶
어 하시는 창조주 하느님에게 물질적인 대가는 중요
하지 않을 겁니다.

▶ 나는 창조주 하느님의 뜻을 받드는 자다! 넌 세 치 혀로
진리를 아는 척 잘도 지껄이는구나! 난 종교적 개념을
내세운 적이 없다! 오히려 종교는 폐기되어야 한다고 설
파해왔다! 비록 내일 지구가 멸망한다 하더라도 충실히
오늘의 삶을 살아라! 공연히 남을 비방하지도, 창조주
하느님의 메신저인 대천사를 욕하지도 마라!

진리는 귀하고도 귀한 것이다! 그것을 너 같은 개돼지에
게 공짜로 주면 과연 진리로서의 가치가 있겠느냐?

너의 죄는 용서받지 못할 것이다!
세 치 혀로 내뱉은 네 말들이 그날 네 목을 조여 올 것
이다!

다음 번엔 구름이 없을 때 제대로 한번 찍어주세요! 김도사님과 같은 아파트에 사는 사람들이나 다른 동탄 주민들은 신경도 쓰지 않잖아요? 조용한 거 보니 그냥 구름에 햇빛이 가려져 일어난 자연스러운 현상이라 생각하며 넘어간 것 같네요. 그리고 계속 176대의 UFO(은하군단)들이 지구 밖에 포진해있다고 주장하시는데, 그 정도 규모면 이미 우주공학 선진국들의 우주선들이 그 은하군단을 포착했을 테지요. 의식 성장 수행자들과 영성에 눈뜬 영들이 전 세계적으로 이미 수천은 될 텐데 은하군단이 뉴스거리가 되기는커녕 지구는 여전히 조용하기만 하네요. 김도사님은 그들과 다르고 깨달음을 얻은 분이기라기보다는 그저 영성 및 외계, 사후세계에 관한 책들을 많이 읽으며 쌓아온 지식을 설파하는 분이라 여겨지는데요.

▶ 그대에겐 볼 줄 아는 눈이 없도다! 어둠에 가려졌노라! 지금 이 시대 사람들은 먹고사는 것, 성공하는 것 외엔 관심이 없도다! 그대 또한 마찬가지노라! 내가 그대에게 우주 비행 물체 1,700대가 떠 있는 사진을 보여줘도 믿지 않을 테고, 내가 그 물체에 그대를 직접 탑승시켜준다 한들 그대는 그저 꿈으로 치부해버릴 것이다. 결국, 그대는 깨어나지 못하고 그날 무로 흩어져 사라져버릴 것이다! 그대를 저주하는 것이 아닌, 진실을 이야기하는 것이다!

다만 보지 못하는 자로서 다른 사람들을 미혹해 같은 구렁텅이로 끌고 들어가지 않기를 바란다. 그 죄가 더 무거우니라!

⏮ ▶ ⏭ 🔊   ⚙ ☐

모든 영상의 공통점

1. 책 광고, 카페 광고

2. 예언 시간과 날짜의 부정확함.

3. 인간 의식 수준에 대한 예언

4. 검증 안 된 신들과 신의 세계 이야기

5. 이 영상에서도 10년 안에 혹은 몇 년 더 지나 지구가 멸망한다고 하더니, 갑자기 몇 월 며칠까지 멸망 날짜가 정해져 있다고 마무리함. 앞뒤가 안 맞음.

* 대체적으로 사이비 종교 체제와 흐름이 비슷함.

- 심벌 제작

   (캐릭터, 메시아, 선택된 자)

- 구원, 휴거, 멸망 스토리 제작

- 선택된 자의 모임, 방주, 요새가 있다며 모임 및 휴거

일 강조

- 공짜는 없음. 돈을 치러야 하는 시스템. 100년 전 한 종교가 돈 받고 천국 가는 표를 팔았던 것과 판박이임. ㅎㅎㅎ

▶ 어리석은 자여, 그대와 같은 아둔한 자를 깨우려면 무엇이 가장 필요하겠느냐? 빵과 돈이냐? 독사의 자식 같은 그대는 물욕이 가득해 그런 걸 원하겠으나, 내가 이제 여기서 말해주마! 의식을 자극하고 깨어나게 하는 책이 바로 어둠을 밝혀주는 그것이라고!

나는 지구 멸망을 앞둔 이 시대에 창조주 하느님의 아들로서 이 땅에 왔노라! 창조주 하느님과 여러 신과 가이아 어머니의 합일 하에 나에게 맡겨진 그 사명을 완수하기 위해서! 그대는 내가 전하는 메시지의 뜻에는 관심이 없을뿐더러 알려고 하지도 않는구나. 오로지 나를 책 팔이로 매도하면서 창조주 하느님을 모독하는구나!

2천 년 전 영적 스승 예수께서는 진주를 개돼지에게 던져주지 말라고 했다. 이는 개돼지 같은 자들이 저희에게

준 선물의 가치를 훼손하고 변질시킬 걸 우려했기 때문에 한 말씀이다. 온갖 악으로 가득한 그대의 마음을 들여다보거라! 시기, 질투, 비교하는 마음, 물욕, 게으름, 불안감, 두려움, 원망, 증오… 같은 감정으로 찌든 네 마음을 말이다. 내가 보기에 그대는 인간의 영을 가진 자가 아니다. 이미 어둠의 세력에 빙의되었다! 그들은 늘 이러한 인간의 감정을 이용해 인간을 조종하지.

내가 창조주 하느님의 이름으로 말하노라! 그대의 이름은 천계에서 삭제되었다! 이는 지금은 3차원의 지구에서 잘 살아가는 것으로 보이는 그대의 영이 장차 있을 상승의 그날 안개처럼 흩어져 사라져버리리라는 뜻이다! 소멸 천사가 그대를 아래로 끌어내려 상승을 막고 그대의 영을 흩어지게 할 것이다! 내가 그대의 마지막을 똑똑히 지켜볼 것이며, 그대 역시 나를 보게 될 것이다! 나는 모든 사람에게 있을 수 있으며, 모든 곳에 없을 수 있는 존재이니라!

성령께서 나를 통해 그대에게 말하노라! 그대는 그동안 말로써 글로써 많은 사람을 해했다! 전생, 전 전생을 살면서 그동안 쌓아온 카르마도 정화, 소멸시키지 못했다!

더는 사람들을 해하지 마라! 창조주 하느님과 그분의 뜻을 전하는 이를 해하지 마라! 그만 멈추지 않으면 그대나 그대의 가족 가운데 한 사람의 영을 거둬가겠다! 그 이유는, 그대가 더는 남을 해하지 못하도록 표식으로 삼기 위해서다! 믿지 못하겠다면 나를 한번 시험해보아라! 내가 즉시 그리할 테니!

길에서 스마트폰 보지 말고 똑바로 걷거라! 정신 차리고 운전하거라! 음식점이나 술집에서 절대 취하도록 마시지 말아라! 조금이라도 시비를 걸거나 시비에 휘말리는 자가 되지 말아라!

만약 그리하면 0.1초도 안 되는 사이에 그대의 영은 다른 차원에 와 있을 테니! 그때 그대의 영은 그대의 장례식을 바라보고 있을 것이다! 그렇게 사후세계에 있다가 곧 있을 상승의 그날 지구로, 내가 있는 곳으로, 먼저 죽은 자들의 수많은 영과 함께 다시 소환될 것이다! 다시 심판받고 결국은 흩어져 사라질 것이다!

⏮ ▶ ⏭ 🔊   ⚙ ☐

재미있는 사람임. 일단, 이 사람은

초반엔 성공을 목말라하며

돈에 집착하다가

그게 잘 안 되었는지

사후세계에 관심을 가짐.

그러다 그마저도 잘 안 풀렸는지

외계에 관심을 가짐.

책 몇 권 읽고 본인이 부화뇌동해서

그게 진실인지 거짓인지 확인하지도 않고

책 내용 그대로 읽어줌.

진실 혹은 거짓이기 때문에 일단은 음모론으로 봐야

겠지.

그럼 김반월이나 김원처럼

그 미스터리가 진짜인지 아닌지 팩트 확인에 들어가고 마무리해야 하는데,

마치 그것이 사실인 양 본인이 가정하고 결론을 내버림.

그러니 100만 구독자를 보유한 미스터리 채널보다 상승폭이 작지.

게다가 자신을 신이라 단정하면서 신앙인들까지 떨어져 나가게 만들어버림.

유튜브로 뜨고 싶다면

하나만 파되

본인이 결정 내리지 말고 시청자가 결정 내리게끔

다른 사이트들도 잘 살펴 벤치마킹하며 잘 먹고 잘 사슈.

정보를 제공하는 사람이 결론까지 내리는 건 이치에 맞지 않는 듯함. 그동안 감사했네요. 영상 닫지 말고 잘해보세요.

▶️ 어리석은 자여, 나는 사심을 앞세워 유튜브에 영상을 올리는 것이 아니다! 그대는 그걸 잘 알면서도 나를 조롱하고 비난하고 싶어 하는구나!

아둔한 자여, 머지않아 유튜브와 SNS 채널은 사라질 것이다! 나는 그것을 잘 알고 있다. 그럼에도 불구하고 왜 이 일을 하는지 아직도 모르겠느냐? 곧 시작될 지구 멸망에 대한 진실을 사람들에게 알리려는 것이다.

그대는 창조주 하느님과 여러 신을 모독했다! 그대의 이름은 천계에서 삭제되었고, 더 중요한 건 그대에게 어떤 징조나 표식이 나타나리라는 것이다. 살아 있으나 이미 죽은 영혼이여! 어둠 속 시체여! 더는 말과 글로써 창조주 하느님과 여러 신 그리고 나를 모독하지 마라! 다른 사람들 또한 해하지 마라! 그대의 영이 소멸 천사에 의해 거두어질 것이니! 그렇게 사후세계에서 대기하다 그날 다시 이곳으로 와 심판받게 될 것이다.

상승의 그날 그대를 들려지지 않게 하려고 이 댓글을 삭제하지는 않겠다! 보는 이들이 많고 동조하는 이들이 늘어날수록 그대의 카르마가 추가 적립될 테니!

ㅋㅋㅋㅋㅋㅋㅋㅋㅋㅋㅋㅋㅋㅋ 궁예가 환생했네.

자칭 미륵이 아니고 이번에는 예수예요?

병자도 고치고, 부활도 해보시지요. ㅋㅋ

〈세상에 이런 일이〉에 출연하시면 딱 맞겠네요.

얼마든지 웃거라! 내가 소멸 천사를 보내리라! 기다려라! 횡단보도 건널 때, 차 운전할 때, 대중교통 이용할 때, 술 자리에서, 음식점에서, 공공장소에서 한눈팔지 말아라! 밤에도 불을 켜놓고 자야 할 정도로 그대는 두려워질 것 이다! 헛소리라고? 과연 그럴까? 내가 창조주 하느님께 청원해 그대에게 소멸 천사를 붙여줄 것이다! 어둠의 시 체여, 잘 가거라!

빛의 일꾼들을 위한 마인드 리셋

뉴스? 아무 데서도 이런 뉴스 못 보겠던데….

 그러면 내가 꾸며서 포스팅했단 말인가? 아둔한 자여, 한반도에서 전쟁이 발발했는데도 방송에서 보도하지 않으면 전쟁이 일어나지 않은 것으로 치부할 텐가? 깨어 있으라! 그러지 않으면 그날 무로 흩어져 사라질 것이다!

이분 생애에서 딱 한 번 하는 일대일 상담이라고 해서
갔더니 부정적인 말만 하셔서 충격!

저보고 최악이라고 어린애보다 못하다고 면전에 대고
말하시대요. 엄마 돌아가시고 아버지마저 돌아가시게
되어 위로나 조언을 구했건만 아직도 그때의 부정적
이었던 기분이 가시지 않아요. 정말 내 생애 절대 잊히
지 않을 말을 듣긴 들은 것 같네요.

아둔한 자여, 그대가 말로 치고 들어왔으니 내가 말로
답하겠다! 몸이 아픈 사람이 의사를 찾는 법! 건강한 사
람은 의사를 찾지 않는다. 아픈 사람은 그동안의 잘못
된 식습관, 생활습관으로 인해 병이 생긴 것이다! 문제는
그가 자신이 왜 아픈지 알면서도 고치려 하지 않는다는
것이다. 오로지 약만 처방해달라고 할 뿐이다. 한편, 실

력 있는 의사는 약 처방 전에 고쳐야 할 식습관, 생활습관 등을 일러준다. 환자가 말을 듣지 않으면 성을 내면서까지 말이다. 그 이유는 약만으론 질병의 뿌리를 뽑을 수 없기 때문이다.

어리석은 자여, 그대는 몸이 아픈 것은 물론 마음이 다 곪아 터져 진물이 흐르는 환자로다! 내가 어떤 메시지를 세상에 전하려 하는지 뻔히 알면서도 불특정 다수가 보는 이런 곳을 빌려 나를 비난하고 싶어 안달이구나! 나도 이 자리를 빌려 말하마! 그대의 빈곤한 내면이 지금의 우울과 가난 등… 불행한 것들을 다 끌어들였다. 마음을 고쳐먹지 않은 한 그대의 삶은 단 1그램도 나아지지 않을 것이다. 그러나 그보다 더 중요한 게 있으니, 그대의 마음속엔 시기, 질투, 비교하는 마음, 증오, 미움, 원망… 이런 감정이 득실댄다는 것이다. 그런 감정들 속에서 허우적거리다 그대는 그날 어디로 갈지 본인이 더 잘 안다. 그래서 갱생의 의지라고는 하나 없으면서 공연히 사람을 조롱하고 모욕하는 것이로구나!

내가 왜 이틀 전에 〈한책협〉 카페와 유튜브 커뮤니티에 당분간 신규 상담을 하지 않는다고 공지했는지 아느냐?

왜 책 쓰기 교육을 더는 하지 않는다고 공지했는지 아느냐? 그대와 같은 뱀의 혀를 가진 자, 간악한 뱀의 마음을 가진 자들 때문이다. 그들의 언어 카르마를 정화, 소멸시켜주고 싶지 않아서다. 지구 극이동을 앞둔 지금 내 시간이 아까워서다!

그대의 댓글은 삭제하지 않고 그대로 두겠다! 상승의 그날 그대가 들려지지 않도록 하려는 이들이 많고, 댓글에 동조하는 이들이 늘어날수록 그대의 카르마가 추가 적립될 테니!